BIBLIOGRAPHIE
SAINT - SIMONIENNE.

PAR

HENRI FOURNEL.

Chez

ALEXANDRE JOHANNEAU, LIBRAIRE,

RUE DU COQ-St.-HONORÉ, N. 8 BIS,

Où L'ON TROUVE TOUS LES OUVRAGES PUBLIÉS
PAR LA *Famille Saint-Simonienne.*

PARIS,
18 MAI 1833.

Bibliographie Saint-Simonienne.

Imprimerie de CARPENTIER-MÉRICOURT, rue Thibaut, N° 15, près St-Eustache.

BIBLIOGRAPHIE

SAINT-SIMONIENNE,

PAR

Henri FOURNEL.

De 1802 au 31 Décembre 1832.

— Les novateurs ont besoin d'être patients et impatients.
— Prenez. Nous ne crierons pas au voleur!

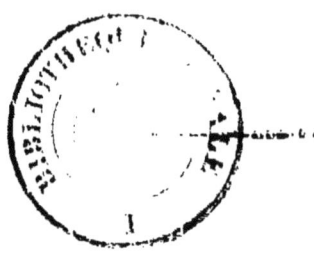

PARIS,
ALEXANDRE JOHANNEAU, LIBRAIRE,
RUE DU COQ-St.-HONORÉ, N. 8 BIS.

Mars 1833.

PRÉFACE.

Il est donné à un petit nombre d'hommes de savoir s'ajourner pour juger ce qu'ils ne connaissent pas. Le gros du public se croit tenu de prononcer immédiatement sur toutes choses, et si l'on ajoute qu'avec sa prétention de juger *par lui-même*, il obéit au contraire à ceux qui, dans un instant donné, ont sa confiance pour *lui faire une opinion*, on s'explique comment toutes les innovations de quelqu'importance, dans l'ordre matériel tout aussi bien que dans l'ordre moral ou intellectuel, ont été l'objet de ses railleries, de ses dédains, souvent même de sa haine, au moment de leur apparition. Et pourtant il est heureux que le public soit de la sorte, car si à l'ardeur extrême des novateurs s'ajoutait l'approbation *immédiate*, et parconséquent aveugle, de la foule, il en résulterait à coup-sûr d'horribles froissemens pour la minorité non convaincue. Chacun, au contraire, trouve l'excuse et l'explication d'une résistance plus tardive dans la résistance qu'il a lui-même opposée antérieurement: on est invinciblement entraîné à l'indulgence pour des torts que l'on a partagés, et c'est encore *soi* que l'on caresse en ayant l'air de respecter l'opinion *des autres*. Tel est le sens dans lequel on peut dire que *le temps est un grand maître*; c'est un maître qui *par lui-même* n'apprend rien, mais, avec son aide, tous apprennent successivement. Oui, tous reconnaissent successivement la vérité de principes repoussés d'abord, mais il faut laisser se dissiper peu à peu la méfiance amassée dans les cœurs.

A une époque comme la nôtre, époque d'incertitude et de tourmente, époque où sont accumulées toutes les douleurs de l'enfantement, où les derniers voiles sont levés sans pudeur et les plaies les plus secrètes mises à jour; on a entendu tant de paroles factices et d'improvisations débitées par cœur, on a vu tant de *profondes* convictions qui n'étaient que grimaces, tant de promesses *solennelles* qui étaient des jeux, tant de prospectus et de programmes rédigés pour les nigauds, tant de conversions consciencieuses suivies d'une place que l'on acceptait par pur dévouement; qu'en vérité il faut comprendre que la méfiance ait gagné le cœur des plus candides; il faut comprendre que des hommes sincères soient méconnus et crucifiés quand l'humanité a besoin d'être rachetée de tant de souillures.

Cependant, malgré tous ces obstacles; malgré la méfiance et l'aveuglement des masses; malgré l'antipathie vigilante et obstinée du Pouvoir; malgré les aboiemens et *les pieuses fraudes* du journa-

lisme; malgré le gros rire des bourgeois, malgré les procureurs du roi qui défendent l'ordre social *bon ou mauvais*, et les jurés qui jugent bien ou mal avec une gravité prise à la porte comme les avocats prennent leur robe au vestiaire; malgré tous ces obstacles, les évolutions sociales s'accomplissent avec une lente majesté, et chaque minute prépare le triomphe de ceux qui dans leur amour de DIEU et de l'HUMANITÉ ont bravé avec un sourire sans dédain la misère, les sarcasmes, la boue dont on les couvrait injustement.

Bientôt vient le jour où la semence, arrosée de la sueur des premiers élus, commence à germer et à devenir la pâture des oiseaux de proie. Allez demander à l'un d'eux pourquoi il récolte, il vous répondra : « c'est moi qui ai semé. — Mais je croyais » qu'une autre main.... — J'ai semé, vous dis-je, » et nul ne m'a donné cette pâture. »

Le jour est venu de ces fils sans pères, de ces glaneurs avant moisson. D'autres jours se préparent.

C'est quand le pillage sera flagrant et que, sur cette route où les vagabonds pullulent, passeront quelques consciences timides, c'est alors que des voix naïves s'élèveront pour accabler de reproches les novateurs *maladroits*. Quand ces bonnes gens comprendront ce qu'ils ont nié si longtemps, il leur sera impossible d'admettre que leurs préjugés, leurs croyances d'alors aient pu leur être un obstacle; ils ne pourront se décider à s'accuser de leu-

teur; vous les verrez nous faire un *troisième* procès. Le premier nous imputait l'IMMORALITÉ, le second l'*escroquerie*, le troisième, pour compléter la trinité, sera sans doute une accusation de *bêtise*. « Vos doctrines sont si claires, nous dira-t-on,
» pourquoi les avez-vous si mal exposées? Pourquoi avez-vous été si obscurs? Pourquoi une apparence de mysticisme enveloppait-elle de si
» hautes vérités? *Pourquoi n'avez-vous pas donné
» plus de publicité à des idées si simples?* Pourquoi
» avez-vous voulu aller trop vite? Pourquoi avez-vous gâté votre œuvre comme des maladroits?
» Pourquoi...... »

Le jour de ces récriminations est proche.

Nous sommes tout prêts à reconnaître qu'il peut, qu'il doit y avoir de notre faute si nos idées sont travesties, si la hardiesse de nos prévisions sur la morale a éveillé *quelques* répugnances *sincères*; il le faut bien, puisque le soupçon d'immoralité pèse sur des cœurs si purs. Mais qui oserait affirmer que le monde qui nous entoure est sans reproche à notre égard; a-t-il bien écouté tout ce que nous avons dit? Bien lu tout ce que nous avons écrit? Bien regardé et surtout *bien vu* tout ce que nous avons fait? Nous connaît-il comme nous le connaissons? Nous sommes certains que non. Nous ne pouvons, non plus, porter le tort de toutes les huées hypocrites qui viennent à nos oreilles; il y a tant de fanfarons de moralité qui comptent sur le mystère pour dérober aux yeux de

tons des *pratiques* dont nos *théories* rougissent; il y a tant d'hommes qui redoutent qu'on porte la lumière dans les plis de leurs manteaux, tant de pauvres femmes qui ne pourraient *impunément* laisser couler au soleil les larmes qu'elles dévorent dans l'ombre du foyer domestique, qu'en vérité il faut laisser à beaucoup, le temps de *préparer leur confession*; nous ne pourrions leur *arracher* que des mensonges. Nous sommes patiens, nous attendrons; mais notre attente est active, et nous voulons tout faire pour *prévenir* les torts que le monde pourrait avoir avec nous. Assurément peu de personnes savent quelle immense publicité nous avons donnée à nos idées, et bientôt les reproches dont je parlais tout à l'heure nous seront adressés; c'est pour aller au devant d'une injustice et réussir à l'empêcher que j'ai rédigé une *Bibliographie Saint-Simonienne*. J'ai voulu faire moi-même ce travail, travail sans gloire et cependant utile; parce que j'ai regardé son accomplissement comme un *devoir* pour moi qui possédais seul les nombreux matériaux au moyen desquels cette œuvre de patience pouvait être complète.

Il n'est pas impossible que quelques-unes des publications non-parisiennes m'aient échappées; dans ce cas, je prie ceux qui les auraient faites de me mettre à même de réparer ces omissions. Je prie surtout les Saint-Simoniens de tous pays de m'adresser désormais *au moins un exemplaire* de tout ce qui se publiera pour ou contre nous. Ils peuvent considérer la belle collection que j'ai formée comme les *Archives* de la Famille.

Février 1833.

H. Fournel (1).

_____
(1) Rue Chanoinesse, n. 2, (cloître Notre-Dame). A Paris.

BIBLIOGRAPHIE SAINT-SIMONIENNE.

....

PREMIÈRE PARTIE.

Claude-Henri SAINT-SIMON, né le 17 octobre 1760 (1), avait quarante-deux ans quand il publia son premier écrit.

1802.

—— Lettres d'un Habitant de Genève a ses Contemporains. Un petit volume in-12. Genève. Sans nom d'imprimeur. Tiré à petit nombre (2).

Si l'on observait, à la lecture des ouvrages de SAINT-SIMON, qu'il n'a jamais rappelé ce premier écrit, cependant si remarquable, nous répondrions que quinze jours avant sa mort il parla *pour la première fois* à Olinde Rodrigues de son Introduction

---

(1) On peut regarder cette date comme certaine. C'est par erreur que dans les trois éditions du volume d'Exposition, *première année*, elle est marquée au 17 avril 1760.
(2) Le journal de la Librairie de M. Beuchot donne cet ouvrage sous la date de 1803.

aux Travaux Scientifiques, et qu'il n'en parla que comme d'un travail préparatoire (1).

1808.

—— Introduction aux Travaux Scientifiques du 19ᵉ siècle. Deux volumes *in-quarto* imprimés chez Scherff, rue des Bons-Enfans, n° 30, et tirés à cent exemplaires seulement pour être distribués aux Membres de l'Institut.

Le premier volume forme 384 pages (2).

Le second volume 137 pages.

C'est le froid accueil que reçut ce travail qui amena la correspondance suivante:

—— Lettres au Bureau des Longitudes (3). SAINT-SIMON donne en tête un sommaire de sa vie. La Première Partie forme 75 pages *in-quarto*. Sans nom d'imprimeur.

—— La Deuxième Partie intitulée : Première Correspondance, Deuxième Livraison, forme 23 pages *in-quarto*, de l'imprimerie de Scherff.

(1) Voilà comment il se fait qu'en 1826 (*Producteur* tome 3, page 92), O. Rodrigues cite l'Introduction comme le premier ouvrage de SAINT-SIMON. Les Lettres d'un Habitant de Genève n'ont été retrouvées qu'à la fin de 1826.

(2) Sur l'exemplaire que je possède on lit ces mots signés P. Enfantin : cet exemplaire est sorti *non coupé* en 1826, de la bibliothèque de M. de Lacépède.

(3) L'exemplaire que je possède provient de la bibliothèque de M. Bosc, mort au Jardin-des-Plantes.

[Handwritten manuscript page, largely illegible. Partial readings:]

Esquisse d'une nouvelle encyclopédie, ou
Introduction à la philosophie du 19ᵉ siècle;
ouvrage dédié aux pensuers. Premier aperçu.
Par [...] Paris, impr. de [...]
[...] de 8 p., plus 1 pl. gravée.

Au verso du titre en [...]; tout exemplaire
non revêtu de la signature suivante, est une
contrefaçon. Signé [...].

[...] a été publié sous le titre de
Histoire de l'homme. Premier brouillon.
Introduction. Deuxième cahier, in 4°
de 16 p. sans nom d'auteur ni date.

Les exemplaires distribués étaient imprimés sur
papier blanc.

1810.

—— Nouvelle Encyclopédie. Par C.-H. SAINT-SIMON. Première livraison servant de prospectus, avec une dédicace à Victor de Saint-Simon son neveu, Pair de France. C'est cette dédicace que l'on désigne souvent sous le nom de Lettre a son Neveu, *in-quarto* de 28 pages.

—— Mémoire sur l'Encyclopédie. Manuscrit.

1811.

—— Mémoire sur la Science de l'Homme. Manuscrit dont SAINT-SIMON avait fait tirer soixante copies. Dans celle que je possède il se trouve plusieurs rectifications et additions de sa main.

—— Mémoire sur la Gravitation. Manuscrit. SAINT-SIMON présenta ce mémoire à Napoléon, et pour attirer son attention il avait intitulé le travail : *moyen de faire reconnaître aux Anglais l'indépendance des Pavillons.*

Cette époque est celle de la plus grande misère de SAINT-SIMON, il ne put pas faire imprimer ses travaux.

1812.

—— Mémoire introductif de M. de SAINT-SIMON sur sa Contestation avec M. de Redern. Écrit *in-quarto* de 25 pages, imprimé à Alençon, chez Malassis le jeune ; accompagné de quelques lettres écrites d'Alençon à M. de Redern.

1814.

—— De la Réorganisation de la Société Européenne, ou de la nécessité et des moyens de rassembler les peuples de l'Europe en un seul corps politique, en conservant à chacun son indépendance Nationale. Par M. le comte de SAINT-SIMON et par *Augustin Thierry* son élève. Brochure in-octavo de 112 pages. Octobre 1814. De l'imprimerie de Adrien Egron, rue des Noyers, n. 37.

—— Olinde Rodrigues possède une Lettre Autographe de SAINT-SIMON à l'empereur Alexandre, lettre qui accompagnait l'envoi de la brochure précédente à ce souverain, et qui peut être considérée comme en formant l'Introduction.

—— Lettre de HENRI SAINT-SIMON à MM. *Comte* et *Dunoyer*. Novembre 1814. Cette lettre a été insérée dans le tome troisième du *Censeur Européen*, tome publié en janvier 1815. Elle occupe de la page 334 à la page 356.

1815.

—— Prospectus d'un ouvrage ayant pour titre : le Défenseur *des propriétaires de Domaines Nationaux ou recherches sur les causes du discrédit dans lequel sont tombées les propriétés nationales et sur les moyens d'élever ces propriétés à la même valeur que les propriétés patrimoniales*, par le Comte de SAINT-SIMON,

et d'autres gens de lettres. 4 pages in-octavo. De l'imprimerie de Scherff, à Paris. Février 1815.

A la fin on lisait :

Le premier volume paraîtra en mars ; et au commencement d'octobre il en aura paru six volumes. L'ouvrage sera terminé quand le prix courant des Domaines Nationaux sera au niveau du prix des propriétés patrimoniales. Le prix de la souscription pour 6 volumes est de 12 fr., pour un volume seul 3 fr.

On souscrit chez l'auteur, rue des Fossés-Saint-Germain-des-Prés, n. 16.

Ce prospectus est annoncé sous le n. 469 du journal de la Librairie, dans le cahier du 11 février 1815.

L'ouvrage n'a jamais paru.

—— Profession de Foi *des auteurs de l'ouvrage annoncé sous le titre de* Défenseur des Propriétaires de Domaines Nationaux, de la Charte et des idées libérales, *au sujet de l'invasion du territoire Français par Napoléon Bonaparte.* Huit pages in-octavo tirées à 200 exemplaires. Imprimerie de Cellot. Mars 1815.

Cet écrit est annoncé sous le numéro 790 du journal de la Librairie, dans le cahier qui a paru le 18 mars 1815.

—— Opinion sur les Mesures a Prendre contre la Coalition de 1815. Par H. SAINT-SIMON et A. Thierry. 18 mai 1815. Brochure in-octavo de 14 pages imprimée chez Cellot, rue des Grands-Augustins.

—— Profession de Foi du Comte de SAINT-SIMON *au sujet de l'invasion du territoire Français par Na-*

poléon Bonaparte. 4 pages in-octavo imprimées chez Cellot.

Cette indication que je trouve sous le numéro 2136 du journal de la Librairie, dans un des cahiers de septembre 1815, veut-elle dire que cette Profession de Foi a été réimprimée ? ou n'est-ce qu'un double emploi du même écrit que j'ai indiqué ci-dessus ? Je l'ignore, et il est peu important de le savoir.

1816.

—— Quelques Idées Soumises par M. de SAINT-SIMON à l'Assemblée Générale de la Société d'Instruction Primaire. Brochure in-octavo de 14 pages, imprimée chez Cellot, rue des Grands-Augustins n. 9. Août 1816.

1817.

—— L'Industrie ou Discussions Politiques, Morales et Philosophiques *dans l'intérêt de tous les hommes livrés à des travaux utiles et indépendans*. Par H. SAINT-SIMON, avec cette épigraphe : « *Tout par l'industrie, tout pour elle.* »

Premier Volume. *In-octavo de 464 pages. De l'imprimerie de Cellot. Ce volume renferme :*

Première Partie. — Sur les Finances. 224 pages. Par *Saint-Aubin*, ancien membre du Tribunat.

Deuxième Partie. — L'Industrie Littéraire et Scientifique liguée avec l'Industrie Commerciale et

Manufacturière. Par *A. Thierry*, fils adoptif (1) de HENRI SAINT-SIMON. 136 pages.

— Autre morceau sur les Finances. Sans nom d'auteur. 104 pages.

Deuxième Volume. *In-octavo* de 346 pages. — Déclaration de principes. — Objet de l'entreprise. — Lettres de HENRI SAINT-SIMON à un Américain. — Autres pièces.

Troisième Volume. *In-quarto* de 85 pages. De l'imprimerie de J. Smith, rue Montmorency, n. 16.

Premier Cahier. — Formant 40 pages.

Deuxième Cahier. 10

Troisième Cahier. . . . . 15 fin de sep. 1817.

Quatrième Cahier. . . . . 20 octobre 1817.

Ensemble. . . . . 85 pages.

Quatrième Volume. *In-quarto* de 19 pages.

Premier Cahier. — 19 pages. Octobre 1817.

Tels sont les *cinq Cahiers in-quarto* qui ont paru à la fin de 1817. Chacun d'eux porte l'épigraphe : « *Tout par l'industrie, tout pour elle.* » Ils ont été en totalité rédigés par Auguste Comte.

— Quatre Circulaires *in-quarto* formant ensemble 10 pages accompagnaient chacun des *Cahiers* du Tome Troisième de l'Industrie. C'est à l'occasion de ces

---

(1) Sur trois exemplaires de cet écrit que j'ai eus sous les yeux, le feuillet où se trouve ce titre avait été *déchiré* dans deux. Ceci *ressemble* fort à une faiblesse.

Cahiers *in-quarto* de l'Industrie que parut dans le *journal des Débats* du vendredi 31 octobre 1817, une lettre que je vais reproduire parce qu'elle est *curieuse*.

» Paris, 30 octobre 1817.

» A son Excellence Monseigneur le Ministre Secrétaire-d'Etat du Roi, au département de la Police Générale.

» Monseigneur,

» Il a paru des distributions d'un ouvrage intitulé
» l'Industrie ou *Discussions Politiques, Morales et*
» *Philosophiques*, par M. H. Saint-Simon ; dans les-
» quelles nous avons remarqué avec étonnement une
» liste de *prétendus souscripteurs* ; ce qui semblerait
» indiquer que ceux qu'on désigne ainsi partagent les
» opinions publiées par l'auteur et en ont encouragé
» la publication.

» Nous nous empressons de déclarer à votre Excel-
» lence qu'aucun de nous n'a eu connaissance de ces
» écrits avant leur publication ; qu'il n'y a eu de notre
» part aucune souscription tendant à encourager des
» ouvrages dont nous sommes fort éloignés de partager
» les principes.

» M. Saint-Simon s'est présenté chez chacun de
» nous, il y a *environ un an*, en nous annonçant
» qu'il avait l'intention de publier des Observations
» sur les Progrès du commerce et de l'Industrie qu'il
» a fait paraître alors ; sa situation pécuniaire ne lui
» permettant pas d'en faire la dépense, nous avons

» cédé à ses instances réitérées en exerçant à son égard
» un acte de pure libéralité.

» Nous supplions votre Excellence de vouloir bien
» ordonner que notre désaveu formel soit consigné
» dans les journaux.

Nous sommes avec respect,

Monseigneur,
Vos très-humbles et très-
obéissans serviteurs.

Signé : *Vital-Roux, D. André* et *François Cottier, Barillon, Vassal, Hentsch Blanc* et comp., *Hottinguer, Gros-Davilliers, Bartoldi, G. Delessert, Guérin de Foncin* et comp., *Perier frères, etc., etc.*

Je voudrais pouvoir donner le nom du rédacteur de cette lettre, je ne le connais pas. Je me dispense de commentaires que chacun fera aisément.

On vient de voir les tomes 1 et 2 de l'Industrie publiés *in-octavo*; 85 pages du tome troisième publiées dans le format *in-quarto*, ainsi que 19 pages du tome quatrième. Tel est le désordre qui régna dans ces publications que, l'année suivante, SAINT-SIMON fit paraître la suite sous ce titre :

1818.

—— L'Industrie. Quatrième Volume. *In-octavo.* De l'imprimerie d'Abel Lanoë.

Premier Cahier. — 160 pages.

Chez Verdière, libraire, quai des Augustins, n. 27.

Il n'a jamais paru d'autres Cahiers.

SAINT-SIMON termine ce petit volume par une note où il appelle toutes les critiques, toutes les objections. Il demeurait alors rue Richelieu, n. 115, où il invite ceux qui auraient des observations à faire sur ses travaux à lui écrire.

——— Dans une lettre en date du 12 mai 1818 adressée au rédacteur du *Journal Général de France*, SAINT-SIMON pose les bases de ses idées sur la propriété et désigne l'écrit précédent dont il s'occupait.

Cette lettre a été réimprimée dans l'*édition Rodrigues* dont j'aurai à parler plus loin. (Voyez pages 99 et 100).

1819.

——— Le Politique, par une Société de gens de lettres.

Sur la couverture on lisait :

AVIS.

Le Politique est un ouvrage continu, mais il ne sera périodique sous aucun rapport.

Il paraîtra par livraisons, qui seront plus ou moins volumineuses, et dont la publication ne sera point régulière. Ainsi il ne sera pas sujet à l'impôt du timbre (1) qui augmenterait considérablement le prix de l'abonnement.

(1) En Amérique, seul pays où le peuple jouisse pleinement de ses droits, les journaux ne paient aucun impôt ; ils sont même transportés gratuitement par la poste dans toute l'étendue des États-Unis.

En France depuis quelques années, les gouvernements ont activé les communications entre eux au moyen du télégraphe, et ils ont entravé les relations entre les gouvernés, en soumettant les journaux au timbre. Cette conduite de leur part mérite d'être remarquée. (*Note de* SAINT-SIMON.)

Le seul engagement que les rédacteurs contractent est celui d'avoir publié au moins 36 cahiers (formant 3 volumes) avant la fin de la présente année politique, c'est-à-dire avant la fin de la session de 1819, et 12 cahiers au moins pendant le cours de la présente session.

C'est pour échapper au timbre que la publication de cet écrit fut si irrégulière.

Une *Première Livraison servant de Prospectus* parut dans les premiers jours de janvier 1819. Elle forme XXVII pages.

Vient ensuite une *Première Livraison* qui commence la pagination de l'ouvrage. Elle parut aussi en janvier.

La quatrième qui, en réalité, est *la seconde* parut en février ainsi que les *cinquième* et *sixième*.

Les *septième*, *huitième*, *neuvième* sont du mois de mars. Les *dixième* et *onzième* sont datées d'avril 1819.

La douzième et *dernière* parut dans la première quinzaine de mai.

L'ouvrage entier forme un volume de 521 pages. Il s'imprima d'abord chez J.-L. Scherff, passage du Caire, n. 54, et ensuite chez Cosson, rue Garencière, n. 5.

Le Bureau du journal après avoir été rue St-Hyacinthe-St-Honoré, n. 10 fut transféré rue J.-J. Rousseau, hôtel Bullion. Le prix d'abonnement était de 7 fr. pour 6 numéros, de 12 fr. pour 12 numéros.

En outre SAINT-SIMON publiait des *extraits* de ce journal pour répandre davantage les principaux articles. Ainsi j'ai dans les mains :

—— Le Parti National ou Industriel comparé au Parti Anti-National. (Extrait de la dixième livraison du *Politique*). Avril 1819. Brochure de 15 pages *in-octavo*. Imprimerie de Cosson.

—— Sur la Querelle des Abeilles et des Frelons, ou sur la Situation Respective des Producteurs et des Consommateurs non Producteurs (Extrait de la onzième livraison du *Politique*). Avril 1819. Brochure de 22 pages *in-octavo*. Imprimerie de Cosson, rue Garencière, n. 5.

Telles sont les nombreuses publications de SAINT-SIMON antérieures à celle qui, la première, fit sensation hors de France, particulièrement en Allemagne; je veux parler de l'*Organisateur* celle, peut-être, de toutes les publications de SAINT-SIMON qui parut dans le plus grand désordre, comme on va le voir.

—— Extraits de l'Organisateur; par HENRI SAINT-SIMON. 32 pages *in-octavo* imprimées chez Boucher. Novembre 1819. SAINT-SIMON annonce que l'ouvrage est encore manuscrit, et qu'il en publie seulement des *Extraits*.

—— L'Organisateur. *Première livraison*. Seconde Édition augmentée *de deux lettres importantes*. 44 pages *in-octavo* imprimées chez Boucher. Novem. 1819.

—— L'Organisateur. *Première livraison*. Troisième Édition augmentée d'une *Esquisse du nouveau Système Politique*. VI lettres formant 62 pages *in-octavo* imprimées chez Boucher, rue des Bons-Enfans, n. 34. Décembre 1819.

— v° bis —

1820.

—— L'ORGANISATEUR. *Deuxième livraison.* Paris 1820. De l'imprimerie d'Anth°. Boucher. Cette livraison renferme les lettres VII et VIII, et continue la pagination de la précédente livraison jusqu'à la pag. 116.

SAINT-SIMON la termine par ce NOTA. « *Je pu-
» blierai* SOUS PEU DE JOURS, *une seconde édition de
» cette livraison : elle sera beaucoup plus volumineuse
» que celle-ci.*

» *J'expliquerai plus tard, à mes lecteurs, ce qui
» m'a forcé à adopter ce mode de publication, que
» j'abandonnerai le plutôt qu'il me sera possible.* »

En effet au bout de quelques jours on vit paraître :

—— L'ORGANISATEUR. *Deuxième livraison.* SECONDE ÉDITION, CONSIDÉRABLEMENT AUGMENTÉE. Imprimerie de Boucher, rue des Bons-Enfans, n. 34. Cette *seconde édition* continue, comme la précédente, la pagination de la première livraison depuis la page 63, et va jusqu'à la page 265. L'*Addition* faite commence à la page 117 et se compose de la suite des lettres depuis IX jusqu'à XIV.

Ainsi l'ouvrage complet forme, comme on voit, un volume de 265 pages; et pour le réunir il faut avoir la TROISIÈME ÉDITION de la *première livraison* et la SECONDE ÉDITION de la *deuxième livraison*.

La lettre quatorzième et dernière (page 255) donne la date exacte de cette publication ; elle commence par ces mots : « Mes chers compatriotes, un crime atroce vient d'être commis : Monseigneur le duc de Berry a été assassiné, etc. » Or cet assassinat est du 13 février.

SAINT-SIMON avait formé un *Bureau de l'Organisateur* rue Montmartre, n. 56. Il annonçait qu'une livraison paraîtrait chaque mois et qu'avant la fin de l'année au moins trois volumes de *l'Organisateur* auraient paru. Cette promesse eut le sort de tant d'autres du même genre qu'il avait faites, il ne put pas la tenir.

L'Organisateur, comme je l'ai dit, fit une grande sensation. La *première livraison* (1) valut à SAINT-SIMON une accusation par suite de laquelle il fut renvoyé devant la Cour d'Assises. Son procès devait être jugé le 20 mars ; il prépara son acquittement par l'écrit suivant :

—— Lettres de HENRI SAINT-SIMON a MM. les Jurés qui doivent prononcer sur l'Accusation intentée contre lui. Mars 1820. Brochure *in-octavo* de 42 pages imprimée chez Boucher, rue des Bons-Enfans, n. 34.

SAINT-SIMON acquitté continua le cours de ses travaux.

(N° 1.) (*) —— Considérations sur les Mesures a prendre pour terminer la Révolution. Par HENRI SAINT-SIMON. Juin 1820. Brochure *in-octavo* de

(1) Ce sont les mêmes pages qui ont servi de texte à cette accusation, que nous avons désignées depuis sous les titres de : *Parabole* de SAINT-SIMON, *Parabole Politique* de SAINT-SIMON. (Voyez pages 99 et 104 de cette brochure).

(*) On verra page 27 pourquoi j'ai placé ces numéros.

98 pages, imprimée chez Vigor Renaudière, Marché-Neuf, n. 48.

C'est quelque temps après avoir répandu cet ouvrage, et après avoir visité les principaux d'entre les Industriels auxquels il l'avait adressé, que SAINT-SIMON commença une série de lettres dont les unes furent *lithographiées* et les autres *imprimées*. *Les considérations sur les mesures à prendre pour terminer la Révolution*, se composaient essentiellement de VI lettres que SAINT-SIMON continua, en formant de chaque nouvelle lettre une brochure séparée. Cette suite de publications eut lieu dans l'ordre suivant :

(N° 2.) —— N° VII. Ire LETTRE A MESSIEURS LES CULTIVATEURS, FABRICANTS, NÉGOCIANTS ET AUTRES INDUSTRIELS, *litographiée* dans le format *grand in-quarto*. De l'imprimerie lithographique de Lasteyrie, rue du Bac, n. 58.

(N° 3.) —— N° VIII. IIe LETTRE A MESSIEURS LES CULTIVATEURS, ETC., *lithographiée* dans le format *grand in-quarto*, chez Lasteyrie.

L'exemplaire que je possède de cette lettre est celui que SAINT-SIMON adressa à Grégoire. Au bas de cette lettre on lit de la main de SAINT-SIMON :

« P. S. Je vous engage, Messieurs, à ne choisir
» pour Députés que des cultivateurs, des fabricans,
» des négocians et des banquiers; les intérêts de
» l'Industrie ne peuvent être bien défendus que
» par des industriels de profession. »

C'est que les élections de novembre approchaient. Aussi SAINT-SIMON qui ne négligeait aucune occasion de présenter ses idées publia-t-il l'écrit suivant :

—— Sur les Élections. Brochure *in-octavo* de 27 pages imprimée chez Dupont, hôtel des Fermes.

Il reprit de suite le cours de sa correspondance.

(N° 4.) —— N° IX. IIIe Lettre a Messieurs les Cultivateurs, etc., brochure *in-octavo* de 34 pages, imprimée chez Vigor Renaudière, Marché-Neuf, n. 48.

Considérant les trois lettres qu'il venait de publier, SAINT-SIMON reprit la série suivante au n° IV sans numéroter la lettre d'envoi.

(N° 5.) —— Lettre d'Envoi a Messieurs les Industriels. *Lithographiée* dans le format *in-quarto*, chez Engelmann, rue Louis-le-Grand, n. 27.

(N° 6.) —— N° IV. Ire Lettre sur les Bourbons. Au Roi et aux Industriels. *Lithographiée* dans le format *in-quarto*, chez Engelmann.

(N° 7.) —— N° V. IIe Lettre sur les Bourbons. Au Roi. *Lithographiée* dans le format *in-quarto*, chez Engelmann.

Enfin ces élections sur lesquelles le parti des industriels, parti naissant, avait fondé quelques espérances ; enfin ces élections eurent lieu à Paris le 14 novembre. Ce jour furent nommés MM. Ollivier, Bonnet et Lebrun ; le lendemain 15 M. Quatremère de Quincy

subit avec M. Tripier un ballotage qui tourna contre ce dernier.

C'est peu de jours après ces quatre élections que SAINT-SIMON adressa aux industriels la pièce suivante :

— LETTRE D'ENVOI A MESSIEURS LES INDUSTRIELS. Une seule page imprimée *in-quarto* et signée HENRI DE SAINT-SIMON. Le DE est biffé de sa main.

Il dit aux industriels que s'il est resté *une quinzaine* sans leur donner de ses nouvelles, c'est qu'il présumait que les élections les occupaient. Cette lettre accompagnait l'envoi simultané des trois morceaux suivants :

(N° 8.) — N° VI. III° LETTRE SUR LES BOURBONS. A MESSIEURS LES INDUSTRIELS. *Lithographiée* dans le format *in-quarto*, chez Engelmann.

(N° 9.) — N° VII. IV° LETTRE SUR LES BOURBONS. A MESSIEURS LES INDUSTRIELS. Brochure *in-octavo*, imprimée chez Vigor Renaudière.

(N° 10.) — N° VIII. V° LETTRE SUR LES BOURBONS. A MESSIEURS LES INDUSTRIELS. Brochure imprimée chez Vigor Renaudière ; elle continue la pagination de la précédente ; ces deux brochures forment ensemble 39 pages *in-octavo*.

C'est à la suite de cette *cinquième* lettre que SAINT-

SIMON avait ajouté un *Post-Scriptum* (1) qui commence par ces mots : « Messieurs, vous êtes fort ef-
» frayés du résultat des dernières élections qui viennent
» d'avoir lieu, etc. »

(N° 11.) —— VI° LETTRE SUR LES BOURBONS. AU ROI ET AUX INDUSTRIELS. *Résumé général et conclusion.* Brochure *in-octavo* de 26 pages, imprimée chez Crapelet.

(N° 12.) —— DERNIÈRE LETTRE, dans laquelle SAINT-SIMON annonce à tous ses correspondans qu'il va publier les lettres qu'il leur a adressées sans en excepter la présente. Brochure *in-octavo* de 8 pages, imprimée chez Crapelet.

C'est alors, en effet, qu'il publia l'ouvrage suivant qui, à proprement parler, était une *seconde édition*. Je possède les 12 pièces détachées qui en forment la *première édition*.

1821.

—— SYSTÈME INDUSTRIEL. Par HENRI SAINT-SIMON. PREMIÈRE PARTIE. Renouard, éditeur. Un volume *in-octavo* de 311 pages, imprimé chez Crapelet. Il porte pour épigraphe : « Dieu a dit : *aimez-vous et secou-*
» *rez-vous les uns les autres.* »

Cette *première partie* se compose de la réimpression

---

(1) Dans le SYSTÈME INDUSTRIEL, 1821, SAINT-SIMON a réimprimé ce *Post-Scriptum* à la suite de la lettre *sixième*, page 248.

des pièces que j'ai numérotées (1), (2) jusqu'à (12). SAINT-SIMON plaça en tête une préface de xx pages et ajouta à toute cette correspondance l'*Adresse aux Philantropes* qui termine la *première partie* du système industriel.

—— Système Industriel. Seconde Partie. Un volume *in-octavo* de 220 pages, imprimé chez madame veuve Porthmann, rue Sainte-Anne, n. 43; avec la même épigraphe que le précédent. Cette *seconde partie* fut publiée en 7 brochures différentes dans l'ordre suivant :

1° Au Roi . . . . 128 pages.

2° A Messieurs les Députés qui sont Industriels. *Première, seconde et troisième lettre* . . . . 129—196.

Ces trois lettres formèrent trois brochures séparées. Sur la couverture on lisait :

Nota. — *Les pièces qui doivent composer la seconde partie de l'ouvrage ayant pour titre le* Système Industriel, *ne seront mises en vente qu'à l'instant où leur réunion formera un volume, jusqu'à cette époque je les communiquerai avec empressement à Messieurs les Savans et à Messieurs les Chefs des Travaux Industriels.*

Le volume n'a jamais été mis en vente

3° **Première Opinion Politique des Industriels.** En tête de cette première Opinion qui est une *lettre à M. Ternaux* se trouve l'*Épître Dédicatoire à M. le Président du Conseil des Ministres.* . . . . 197—208.

> Sur la couverture on lisait :
> « J'écris pour les Industriels contre
> » les Courtisans et contre les No-
> » bles ; c'est-à-dire, j'écris pour les
> » Abeilles contre les Frélons. Je
> » me soucie très peu que les Cour-
> » tisans, que les Nobles, ainsi que
> » les autres Frélons, connaissent
> » cette brochure ; mais je désire in-
> » finiment qu'elle soit lue par tous
> » les Industriels, étant convaincu
> » que cette lecture leur sera utile.
> » Je l'enverrai donc à tous ceux
> » que je connais, et j'invite ceux qui
> » ne la recevront pas, à la faire
> » prendre chez moi. »

4° **Premier Chant des Industriels.** . 209—212.

5° **A Messieurs les Ouvriers.** . . . . . 213—220.

6° **Musique du Chant des Industriels,** gravée dans le format *in-octavo.* 4 pages publiées à part.

—— **Chant des Industriels.** Le même dont je viens

Suit des travaux ayant pour objet de
fonder le Système industriel; par Henri
Saint Simon, Paris,
impr. de Laurens ainé, Avril, 1822, in 8°
de 191 p.

La p. 15 port. Prospectus de l'ouvrage. Les
indiques nécessaires pour reconnaitre la Société
par Aug. Comte, ancien élève de l'école polytechnique.

Chaque des feuilles de cet ouvrage, qui seron à mis
après à la vente seullet, port, à la main la croix
Signée.

de parler, gravé dans le format *in-quarto*. Paroles et musique de Rouget de Lisle. On lit au bas : « se dis- » tribue gratuitement chez M. HENRI SAINT-SIMON, » rue de Richelieu, n. 34, *Aux Dames Industrielles.* »

1822.

——Des Bourbons et des Stuarts. Par HENRI SAINT-SIMON. Janvier 1822. Brochure *in-octavo* de 16 pages, imprimée chez Constant-Chantpie, rue Sainte-Anne, n. 20.

—— Suite a la Brochure des Bourbons et des Stuarts. Par HENRI SAINT-SIMON. 24 janvier 1822. Brochure *in-octavo* de 58 pages, imprimée chez Guiraudet, rue Saint-Honoré, n. 315.

—— Système Industriel. Troisième Partie, formant 45 pages. Cette troisième partie se compose de Trois Brochures dont la pagination ne se suit pas, et qui portent les titres suivants :

Première. *Travaux Philosophiques, Scientifiques et Poétiques ayant pour objet de faciliter la réorganisation de la Société Européenne.* Par HENRI SAINT-SIMON. Janvier 1822. Écrit de 20 pages *in-octavo*, imprimé chez madame veuve Porthmann, rue Sainte-Anne, n. 43.

Seconde. *Deux lettres à Messieurs les électeurs du Département de la Seine qui sont producteurs.* Par HENRI SAINT-SIMON. Juin 1822. Brochure *in-*

octavo de 12 pages, imprimée chez Moreau, rue Coquillière, n. 27.

Troisième. *Sur les Intérêts Politiques des Producteurs.* Par HENRI SAINT-SIMON. 1822. Brochure *in-octavo* de 13 pages, publiée peu après la précédente, et imprimée aussi chez Moreau.

1823.

C'est le dimanche 9 mars 1823, que SAINT-SIMON attenta à ses jours, dans la maison qu'il occupait encore alors rue Richelieu, n. 34. J'ai voulu consigner ici la date de cet évènement si grave, parce qu'il imprime pour ainsi dire un cachet particulier aux ouvrages composés par notre MAITRE dans l'intervalle qui s'écoula entre cette catastrophe et sa mort.

Deux mois après, en mai 1823, OLINDE RODRIGUES connut SAINT-SIMON.

—— Catéchisme des Industriels. *Premier Cahier*. Décembre 1823. 66 pages *in-octavo*, imprimerie de Sétier, cour des Fontaines, n. 7.

1824.

—— Catéchisme des Industriels. *Deuxième Cahier*. Mars 1824. Ce cahier fait suite au précédent dont il continue la pagination jusqu'à la page 186.

—— Catéchisme des Industriels. *Troisième Cahier*. Avril 1824. Ce cahier est signé: Auguste Comte.

élève de HENRI SAINT-SIMON. Il forme un petit volume *in-octavo* de 189 pages. Imprimerie de Sétier.

Cet ouvrage a paru sous le titre de SYSTÈME DE POLITIQUE POSITIVE. *Première partie* (1).

En tête on trouve deux pages écrites par SAINT-SIMON dans lesquelles il prévient les lecteurs que *son élève n'a traité que la partie scientifique de son Système, et qu'il n'en a point exposé la partie sentimentale et religieuse.*

Vient ensuite un avertissement D'AUGUSTE COMTE dans lequel on lit : « Ayant médité depuis longtemps
» les idées mères de M. SAINT-SIMON, je me suis
» *exclusivement* attaché à systématiser, à développer,
» et à perfectionner *la partie des aperçus de ce philosophe qui se rapporte à la direction scientifique.*
» Ce travail a eu pour résultat la formation du *système de politique positive*, que je commence aujourd'hui à soumettre au jugement des penseurs. »

« *J'ai cru devoir rendre publique la déclaration
» précédente, afin que si mes travaux paraissent mériter quelque approbation,* ELLE REMONTE AU FONDATEUR DE L'ÉCOLE PHILOSOPHIQUE DONT JE M'HONORE
» DE FAIRE PARTIE (2). »

---

(1) Cette *première partie* est une réimpression du même ouvrage publié pour la première fois en mai 1822. A cette époque il en fut distribué une cinquantaine d'exemplaires seulement.

La *seconde partie* n'a jamais paru.

(2) Dans un grand nombre d'exemplaires, le titre, les deux pages de SAINT-SIMON, et l'avertissement de l'auteur ont dis-

— CATÉCHISME DES INDUSTRIELS. *Quatrième Cahier*, Juin 1824. Ce cahier continue la pagination du précédent jusqu'à la page 236.

L'ouvrage est resté inachevé. Les quatre cahiers forment un volume de 422 pages.

1825.

— OPINIONS LITTÉRAIRES, PHILOSOPHIQUES ET INDUSTRIELLES. Paris 1825. Un volume *in-octavo* de 392 pages, imprimé chez Lachevardière fils, rue du Colombier, n. 30. Se vendait chez Bossange père, rue Richelieu, n. 60.

Il porte pour épigraphe cette phrase de l'introduction : « *L'âge d'or qu'une aveugle tradition a placé* » *jusqu'ici dans le passé, est devant nous* (1). »

Voici les noms des *élèves* que SAINT-SIMON avait groupés alors autour de lui, et qui ont travaillé à la rédaction de ce volume :

paru. Il est facile de deviner à quel sentiment AUGUSTE COMTE a cédé en supprimant ainsi les lignes où éclatait noblement sa reconnaissance.

(1) *L'introduction*, comme je le dirai dans un instant, est de LÉON HALÉVY. Il y avait long-temps que SAINT-SIMON avait formulé la même pensée dans les mêmes termes. En octobre 1814, il disait : « *L'âge d'or du genre humain n'est point derrière nous,* » *il est au-devant*, il est dans la perfection de l'ordre social ; nos » pères ne l'ont point vu, nos enfans y arriveront un jour : c'est » à nous de leur en frayer la route. »

(*De la Réorganisation de la Société Européenne*, p. 112.

Introduction. . .	23 pages. .	Léon Halévy.
Opinions philosophiques. . .	64	SAINT-SIMON.
Fragmens historiques.	74	SAINT-SIMON.
Industrie.—Banquiers.	38	Olinde Rodrigues.
Législation. . . .	27	J.-B. Duvergier.
Physiologie. . .	49	Bailly.
Mélanges. . . .	56	Léon Halévy.
Conclusion. . . .	61	Olinde Rodrigues et Léon Halévy.

392 pages

En mars 1825 SAINT-SIMON composa son dernier écrit. C'est à cette époque qu'Enfantin assista chez SAINT-SIMON à une lecture qu'Olinde Rodrigues fit du *Nouveau Christianisme* qui allait être livré à l'impression et qui parut en avril.

——— Nouveau Christianisme. Paris, 1825. In-octavo de 91 pages, imprimerie de Lachevardière fils. Se vendait chez Bossange. Cet écrit, le dernier de SAINT-SIMON, porte pour épigraphe: « *Celui qui aime les* » *autres a accompli la loi.... Tout est compris en* » *abrégé dans cette parole: tu aimeras ton prochain* » *comme toi même.* »

Il est précédé d'un avant-propos qui a été rédigé par Olinde Rodrigues.

SAINT-SIMON est mort le 19 mai 1825, rue du

Faubourg-Montmartre, n. 9, âgé de 64 ans, 7 mois et 2 jours.

Ses *élèves* accompagnèrent son corps au Père-Lachaise, et BAILLY prononça un discours sur sa tombe.

Le Globe du 4 juin 1825 publia un article nécrologique sur SAINT-SIMON.

Voir aussi le tome troisième de la *Biographie* du général Beauvais, Paris 1829; la *Revue Encyclopédique* numéro d'avril 1826; et le tome sixième de l'*Annuaire Nécrologique* de M. Mahul.

———

—— LE PRODUCTEUR. *Journal Philosophique de l'Industrie, des Sciences et des Beaux-Arts.* Cinq volumes *in-octavo* avec cette épigraphe :

« *L'âge d'or qu'une aveugle tradition a placé jus-
» qu'ici dans le passé, est devant nous.* »

En tête des *Opinions Littéraires, Philosophiques et Industrielles*, on lisait cet AVIS :

« Nous ferons paraître incessamment, dans un au-
» tre volume, la *suite de nos Opinions*.

» Cet ouvrage formera l'antécédent d'un *Journal*
» que nous nous proposons de publier, pour le déve-
» loppement et l'application de notre Doctrine. »

LES AUTEURS *des Opinions Littéraires,
Philosophiques et Industrielles.*

Cette *suite des Opinions* n'a jamais paru; mais par acte du 1er juin 1825 (douze jours après la mort de SAINT-SIMON) une Société en commandite et par actions de mille francs, fut formée sous la raison ENFANTIN (1), RODRIGUES et compagnie, pour faire paraître le journal annoncé du vivant de SAINT-SIMON.

—— En même temps un PROSPECTUS de 16 pages in-octavo expliquait l'objet de l'entreprise et fixait les conditions de l'abonnement à cinquante francs par année. Ce prospectus fut rédigé par LÉON HALÉVY. — CERCLET était le rédacteur en chef du journal, dont le Bureau d'abonnement était indiqué chez Sautelet, place de la Bourse.

Le 1ᵉʳ octobre 1825, le Producteur commença à paraître par cahiers hebdomadaires. Les treizes premiers *numéros* forment le PREMIER VOLUME. 1825. 636 pages.

Les numéros 1 et 2 furent imprimés chez Lachevardière fils, rue du Vieux-Colombier, n. 30 ; à partir du troisième numéro, le Producteur s'imprima chez David, boulevart Poissonnière, n. 6, où il s'imprima jusqu'à la fin.

Voici les articles contenus dans ces cahiers successifs.

---

(1) Les actions sont datées du 1ᵉʳ juillet 1825 ; elles portent la signature des deux FONDATEURS GÉRANTS, P. ENFANTIN et O. RODRIGUES.

La non participation d'ENFANTIN à la rédaction du volume des *Opinions*, et l'apparition de son nom en tête de l'acte du 1ᵉʳ juin 1825 donne d'une manière bien nette l'époque de la conversion de celui qui est aujourd'hui le CHEF SUPRÊME de la foi nouvelle. Le PÈRE naissait par OLINDE RODRIGUES au moment où le MAÎTRE mourait.

Premier numéro.

— Introduction. Cerclet.
— Société commanditaire de l'Industrie (1er article). J. Rouen.
— Notices biographiques sur les industriels célèbres (article préliminaire). Allier.
— Compagnie des Remorqueurs du Rhône, sous la direction de Séguin frères d'Annonay. Decaen.
— Emprunt d'Haïti. O. Rodrigues.

Deuxième numéro.

— Considérations philosophiques sur la littérature. Cerclet.
— Des effets de la civilisation sur le caractère moral des peuples, *Dunoyer*.
— Des martyrs de Saouli, ou l'Epire Moderne, tragédie de M. *Lemercier*. L. Halévy.
— Institution des ouvriers employés à l'extraction du gaz hydrogène, à Glascow.
— Lithographie.

Troisième numéro.

— Considérations générales sur l'Industrie (1er article). O. Rodrigues.
— De l'Amérique Méridionale dans ses rapports actuels avec le continent Européen, (1er article). A. Blanqui.

— Société commanditaire de l'Industrie (2ᵉ article). J. Rouen.
— Bulletin littéraire nᵒ I. L. Halévy.
— De la Législation et de la Jurisprudence concernant les Brevets d'Invention, de Perfectionnement et d'Importation ; par M. *Théodore Regnault*, avocat.
— Scieries à pierre des environs de Paris.
— Extrait des journaux Anglais. — Institution de M. Owen, etc.

Quatrième numéro.

— Des Sociétés anonymes et en commandite, par actions. P. Enfantin.
— De l'Amérique Méridionale dans ses rapports actuels avec le continent Européen (2ᵉ article). A. Blanqui.
— De l'influence des fêtes publiques sur le bien être de la Société. P. Enfantin.
— Bulletin littéraire nᵒ II. L. Halévy.
— Emprunt d'Haïti. Lettre de M. Ternaux à M. le duc de Larochefoucault-Liancourt.

Cinquième numéro.

— Considérations générales sur l'Industrie (2ᵉ article). O. Rodrigues.
— Du commerce de la Grèce moderne considéré dans son influence sur la régénération politique de cette Nation (1ᵉʳ article). A. Carrel.

— Sur les avantages de la machine à draguer, employée à curer les ports de la Manche et à creuser les Canaux (1er article). DECAEN.

— Bulletin littéraire n° III. L. HALÉVY.

— De l'influence des machines à vapeur sur la prospérité publique, A. BLANQUI.

— Nouvelles industrielles.

— Examen critique du discours de M. M'Culloch, sur l'économie politique, par M. J.-B. SAY.

Sixième numéro.

— Considérations sur la baisse progressive des objets mobiliers et immobiliers (1er article). P. ENFANTIN.

— Du commerce de la Grèce moderne considéré dans son influence sur la régénération politique de cette Nation (2e article). A. CARREL.

— Fête du Roi. — Distribution de comestibles aux Champs-Elysées. — Installation du Tribunal de Commerce dans le nouveau palais de la Bourse. — Pose de la première pierre d'une maison de correction de femmes. — Ouverture du canal Saint-Martin. — Ses rapports avec le canal de l'Ourcq. A. BLANQUI.

— Haïti, chant lyrique par M. *Chauvet*. — Bessière et l'Empecinado, poëme par M. *Léon Halévy*. SENTY.

— Résumé de l'histoire des Juifs par M. *Léon Halévy*, P. Enfantin, O. Rodrigues et Cerclet.
— Économie industrielle. — Droits des inventeurs, *Théodore Regnault*.

Septième numéro.

— Considérations philosophiques sur les Sciences et sur les savans (1er article). Auguste Comte.
— Considérations sur l'état actuel de l'industrie et du commerce en Égypte. A. Blanqui.
— Sur les avantages de la machine à draguer, employée à curer les ports de la Manche et à creuser les canaux (2e article). Decaen.
— Agriculture. — Société pour l'amélioration des laines A. D. J.
— De la crise des fonds publics, de la spéculation en général, et du jeu de la Bourse. P. Enfantin et O. Rodrigues.

Huitième numéro.

— Esquisse historique de l'origine et des progrès de l'économie politique. A. Blanqui.
— Considérations philosophiques sur les sciences et sur les savans (2e article). Auguste Comte.
— Sur l'assainissement et la culture du Delta du Rhône. Decaen.
— Rapport sur l'état de l'enseignement en Grèce, présenté à la Société d'encouragement pour

l'instruction publique, dans la Séance du 16 novembre 1825, par E. *Blaquière.*

Neuvième numéro.

— Voyage philosophique et industriel dans le Département du Var. A. BLANQUI.
— Des partisans du passé et de ceux de la liberté de conscience, par SAINT-AMAND BAZARD (1).
— Ouverture des Cours de chimie appliquée aux Arts, de mécanique et d'économie industrielle, au Conservatoire des Arts-et-Métiers. A. BLANQUI.
— Société d'encouragement pour l'Industrie Nationale. — Distribution des prix proposés pour l'année 1825, etc.
— Souscription pour les enfans du général Foy.

Dixième numéro.

— Réponse à une brochure intitulée : *d'un Nouveau Complot contre les Industriels*, par *M. de Stendhal.* A. CARREL.
— Ouverture du canal de jonction entre le lac Érié et la rivière d'Hudson. A. BLANQUI.
— Considérations philosophiques sur les sciences et sur les savans (3ᵉ article). AUGUSTE COMTE.

(1) C'est dans le numéro du 27 novembre 1825 qu'apparaît pour la première fois le nom de celui qui partagea pendant près de deux ans le pouvoir suprême avec LE PÈRE. (Du 31 décembre 1829 au 11 novembre 1831).

— Lettre d'un habitant de la Martinique sur l'émancipation de Saint-Domingue, et sur le moyen de prévenir l'insurrection des esclaves contre les colonies Françaises.

— Cours de chimie appliquée aux Arts, de M. *Clément-Desormes*. A. Blanqui.

— D'une lettre de M. Benjamin-Constant au rédacteur de l'*Opinion*. St-A. Bazard.

Onzième numéro.

— Du commerce au 19ᵉ siècle par M. *Moreau de Jonnès* (1ᵉʳ article). A. Blanqui.

— Discours sur les révolutions de la surface du Globe par M. le baron *Cuvier*. Huot.

— Le salon des Industriels. Garnier.

— Histoire de la Révolution Française par M. *Thiers*. Arraud.

— Lettre de M. Benjamin-Constant et réponse de Cerclet rédacteur général du Producteur.

Douzième numéro.

— Canalisation de la Corrèze et de la Vézère. Decaen.

— Considérations sur la baisse progressive du loyer des objets mobiliers et immobiliers (2ᵉ article). P. Enfantin.

— Du commerce au 19ᵉ siècle, par M. *Moreau de Jonnès* (2ᵉ article). A. Blanqui.

— Cours de chimie appliquée aux Arts, de M. Clément Desormes. A. BLANQUI.

Treizième numéro.

Voyage au Pôle Austral, pendant les années 1822—1824, contenant des observations sur la mer Antarctique jusqu'au 74° degré de latitude; le récit d'une excursion à la Terre de Feu, et des documens importans sur la navigation des côtes du cap Horn et des terres adjacentes. — Par *James Weddell*, de la Marine Royale. — Londres 1825.

— Considérations sur le pouvoir spirituel. Introduction (1er article). AUGUSTE COMTE.

— Cours de chimie appliquée aux Arts, de M. Clément Desormes. A. BLANQUI.

— L'Écosse et l'Irlande comparées.

— Mélanges.

— Table générale du TOME PREMIER.

(*Les numéros* 1, 4, 13 *sont très-rares*).

1826.

— LE PRODUCTEUR continua à paraître sous la même forme pendant les trois premiers mois de 1826, et les treize premiers cahiers (14—26) de cette année, formèrent le SECOND VOLUME. 1826. 632 pages.

Voici les titres des articles contenus dans ces cahiers successifs.

Quatorzième numéro.

— Les routes à ornières de fer, comparées avec les canaux et les routes ordinaires, leurs usages et leurs avantages démontrés (1er article) J.-J. Dubochet.
— Des banques d'escompte (1er article). P. Enfantin.
— La Sardaigne ancienne et moderne, considérée dans sa topographie, ses lois, ses productions et ses mœurs.
— Cours de chimie appliquée aux Arts, de M. *Clément Desormes*. A. Blanqui.
— Mélanges.

Quinzième numéro.

— Exploitation des mines d'Haïti. J. Allier.
— Considérations sur l'état actuel des opinions et des intérêts en France (1er article). Gondinet.
— Cours de chimie appliquée aux Arts, de M. *Clément Desormes*. A. Blanqui.
— Transformation philantropique et industrielle de la loterie, par M. *Félix Bodin*.

Seizième numéro.

— Les routes à ornières de fer, comparées avec les canaux et les routes ordinaires; leurs usages et leurs avantages démontrés (2e article). J.-J. Dubochet.

— Des banques d'escompte (2ᵉ article). P. ENFANTIN.
— Traité de la typographie, par *H. Fournier*, imprimeur. DECAEN.
— Cours de chimie appliquée aux Arts, de M. *Clément Desormes*. A. BLANQUI.
— Mélanges.

Dix-septième numéro.

— Exploitation des mines d'Haïti (2ᵉ article). J. ALLIER.
— Examen d'un nouvel ouvrage de M. *Dunoyer*, ancien rédacteur du *Censeur Européen* (1ᵉʳ article). P.-J. ROUEN.
— Des États-Unis d'Amérique (1ᵉʳ article). A. BLANQUI.
— Exposition des produits des manufactures royales de porcelaines, de tapis, tapisseries et mosaïques. J. ALLIER.
— Extrait d'une lettre de M. le docteur BAILLY au comité Grec.

Dix-huitième numéro.

— De quelques articles du *Constitutionnel* et du *Journal des Débats*. J. ALLIER.
— Des banquiers Cosmopolites. P. ENFANTIN.
— Théâtre Français. Léonidas, tragédie en cinq actes, par M. *Pichat*. SENTY.

— Cours de chimie appliquée aux Arts, de M. *Clément Desormes*. A. Blanqui.
— Scieries de pierres. — Lettre au rédacteur général par M. *Madeleine*.
— Deux lettres de M. *J.-A. Bordier-Marcet*, sur l'expérience d'éclairage des Tuileries.

Dix-neuvième numéro.

— Le sol tremble (extrait de la *Quotidienne* du 1 février 1826).
— Notions élémentaires d'économie politique par M. le comte d'*Hauterive*. P. Enfantin.
— Lettres à un médecin de Province, Peisse.
— Tableau comparé du commerce de la Louisiane comme Colonie et comme État libre (1ᵉʳ article). Raynel.
— Cours de chimie appliquée aux Arts, de M. *Clément Desormes*. A. Blanqui.

Vingtième numéro.

— Examen des faits qui prouvent la tendance de la Société à s'organiser. J. Allier.
— Du commerce au 19ᵉ siècle par M. *Moreau de Jonnès* (3ᵉ article). A. Blanqui.
— Considérations sur le pouvoir spirituel (2ᵉ article). Auguste Comte.
— Des fêtes du Carnaval. Garnier.

Vingt-unième numéro.

— D'un article du *Drapeau Blanc* intitulé : du Peuple et de l'Armée. Laurent.
— Agriculture. — De l'agriculture en Europe et en Amérique, par *Deby*. Decaen.
— Considérations sur le pouvoir spirituel (3ᵉ article). Auguste Comte.
— Mélanges.

Vingt-deuxième numéro.

— Du *Journal des Débats*.
— Considérations générales sur l'état actuel des intérêts et des opinions en France (2ᵉ article). Gondinet.
— Conversion morale d'un rentier (1ʳᵉ lettre au rédacteur). P. Enfantin.
— Revue littéraire. Senty.
— Réflexions sur quelques questions de douanes et de finances, discutées actuellement en France et en Angleterre. P. Enfantin.
— Mélanges, P. Enfantin.

Vingt-troisième numéro.

— Première lettre au rédacteur sur les adversaires que doit rencontrer la Doctrine du *Producteur*. P.-A. Duffau.

— Des États-Unis d'Amérique (2ᵉ article). A. Blanqui.
— Examen d'un nouvel ouvrage de M. *Dunoyer*, ancien rédacteur du Censeur Européen (2ᵉ article). P.-J. Rouen.
— Physiologie du cerveau. Analyse du Cours de M. *Gall*, à l'Athénée (1ᵉʳ article). Prisse.
— Opuscules financiers. P. Enfantin.

Vingt-quatrième numéro.

— De la morale politique dans l'état actuel de la Société, et d'un discours de M. *Royer-Collard*. Senty.
— Considérations générales sur l'état actuel des intérêts et des opinions en France (3ᵉ article). Gondinet.
— Voyages dans plusieurs contrées de l'Afrique. J. Z.
— Considérations médico-légales sur la liberté morale, par le docteur *Georget*. P. L.
— Remorqueurs de la Seine.
— Mélanges. — Lettre d'Owen.

Vingt-cinquième numéro.

— Note du rédacteur général (Cerclet).
— De la foi et de l'examen. Laurent.
— De l'art dramatique (1ᵉʳ article). Garnier.
— Des garanties offertes aux capitaux, etc., et de l'influence que peut avoir un canal du Hâvre

à Paris, sur la prospérité des villes commerciales de France, par M. *Charles Comte*, avocat. P. Enfantin.
— Considérations sur les mœurs littéraires de notre époque, à l'occasion d'un article inséré dans le dernier numéro de la *Revue Encyclopédique*. St-A. Bazard.
— Crédit, discrédit, banquiers, industriels, producteurs. J. Allier.

Vingt-sixième numéro.

— Prédominance de la doctrine positive sur les doctrines théologique et métaphysique. J. Allier.
— De l'art dramatique (2ᵉ article). Garnier.
— Physiologie intellectuelle (2ᵉ article). Peisse.
— De l'abbé de Lamenais et de M. le comte de Montlosier (article préliminaire). Laurent.
— Lettre du rédacteur général aux *Propriétaires du Journal*. Dans cette lettre en date du 31 mars 1826, Cerclet remet la direction du *Producteur*.
— Avertissement. P. Enfantin.
— Table générale du Tome Second.

(*Les numéros 18 et 20 sont les plus rares*).

—— Un Prospectus de deux pages *in-douze* annonça qu'à partir du premier mai le Producteur paraîtrait par cahiers mensuels et qu'un trimestre formerait un

volume. Ce Prospectus n'est autre que l'avertissement ci-dessus, tiré à part.

— — Troisième Volume. Numéros d'avril, mai, juin 1826. 585 pages. A partir de mai 1826, le Bureau d'abonnement fut transféré chez Bossange père, rue de Richelieu, n. 60.

Premier cahier. (Avril).

— Le Temps. — L'opinion publique. P. Enfantin.

— Du morcellement de la propriété foncière, considéré dans ses rapports avec la prospérité de l'agriculture. Decaen.

— Deuxième lettre au rédacteur sur les adversaires que doit rencontrer la Doctrine du Producteur. P.-A. *Duffau.*

— Sociétés des Amis des Arts de Paris, Bordeaux, Lyon, etc. J. Allier.

— Considérations sur l'organisation féodale et l'organisation industrielle; comment *l'esprit d'association* se substitue graduellement dans les rapports sociaux à *l'esprit de conquête.* P. Enfantin.

— De HENRI SAINT-SIMON (1ᵉʳ article). O. Rodrigues.

— De l'esprit critique. St-A. Bazard.

— De la physiologie (1ᵉʳ article). Buchez.

— Examen d'un nouvel ouvrage de M. *Dunoyer*,

7

ancien rédacteur du *Censeur Européen* (3ᵉ et dernier article). P.-J. Rouen.

— M. l'abbé de Lamenais et M. le comte de Montlosier (2ᵉ et dernier article). Laurent.

— Du projet de loi sur les écoles de médecine et la police médicale. Buchez.

— Mélanges. — Catéchisme d'économie politique, par J.-B. Say. P. Enfantin. — Résumé de l'histoire du Commerce et de l'Industrie, par M. *Adolphe Blanqui*. — Résumé de l'histoire de la Philosophie, par M. *P.-M. Laurent*, avocat. P. Enfantin. — Des ponts en fil de fer, par *Séguin* aîné, 2ᵉ édition. M. — Anatomie des systèmes nerveux, etc., par *A. Desmoulins*. Buchez. — Recherches sur les sources de la prospérité publique, par *J.-G.-J. Roentgern*. P. Enfantin. — L'Industriel. P. Enfantin. La France Chrétienne, journal religieux, politique et littéraire. P. Enfantin. — Ouverture du canal Érié. A. Blanqui.

Deuxième cahier. (Mai).

— Faits relatifs à la traite des Noirs. O. Rodrigues.

— De l'esprit militaire en France, des causes qui contribuent à l'éteindre, de la nécessité et des moyens de le ranimer, par le général *Lamarque*. J. Allier.

— Du système d'emprunts comparé à celui des impôts. P. Enfantin.

— Exposition des ouvrages de David. J. Allier.

— De la physiologie (2ᵉ article). Buchez.

— De HENRI SAINT-SIMON (2ᵉ article). O. Rodrigues.

— De la classe ouvrière (1ᵉʳ article). P.-J. Rouen.

— Quelques réflexions sur un ouvrage de M. de Lamenais, et sur un article du Mémorial Catholique. St-A. Bazard.

— Fragmens philosophiques, par M. *Victor Cousin* (1ᵉʳ article). Laurent.

— De la souscription Européenne en faveur des Grecs. Garnier.

— Mélanges. — De l'établissement rural de M. Mathieu de Dombasle, et, à cette occasion, de la possibilité et de l'utilité des associations agricoles. — Rapport à la Chambre du Commerce, sur l'approvisionnement de la capitale, en charbon de terre. Pereire. — Amérique. Canal de la Chesapeake et de l'Ohio. A. — Iles Britanniques. Manufactures de soiries. F. D. — Des philosophes. — Méthode naturelle de la science politique, par M. *Hillhouse*. P. Enfantin. — Pensées politiques sur les partis en France et les événemens du jour, par *J.-B. Leclerc*. P. Enfantin. — Réponse des soumissionnaires du canal maritime à M. *Berigny*. P. Enfantin. — Du magnétisme animal, par *A. Bertrand*. Buchez. — Manuel de clinique médicale, par

L. Martinet. Buchez. — Discours sur la Biologie ou science de la vie. Buchez. — Du besoin de nouvelles institutions en faveur du commerce et des manufactures. P. Enfantin. — Extrait de l'abbé de St-Pierre.

Troisième cahier. (Juin).

— De la concurrence dans les entreprises industrielles. P. Enfantin.
— Du traité de législation par M. Ch. Comte. P. Enfantin.
— De HENRI SAINT-SIMON (3ᵉ article). O. Rodrigues.
— Des institutions d'artisans en Angleterre. Dubochet.
— De la physiologie (3ᵉ article). Buchez.
— De la législation relative à la traite des Noirs. Duvergier, avocat.
— De l'inégalité. Laurent.
— Du beau dans la nature Sauvage et du beau dans la Société. Garnier.
— Du traité élémentaire de géographie physique, de M. *O'hier de Grand-Pré*. J. Huot.
— De l'exploitation agricole. Rouen.
— De la nécessité d'une nouvelle doctrine générale. St-A. Bazard.
— Mélanges. — Quelques réflexions à l'occasion

du procès de la fille Cornier. BUCHEZ. — Du refus d'admission de M. *Ch. Comte* au stage. P. ENFANTIN. — Canal d'Alais à la mer. O. B. — Bases fondamentales de l'économie politique d'après la nature des choses, par *L.-T. Cazaux*. P. ENFANTIN. — Réfutation par M. *Bérigny*, de la réponse des soumissionnaires du canal maritime. P. ENFANTIN. — Revue Américaine.

— Table générale du TOME TROISIÈME.

—— QUATRIÈME VOLUME. Numéros de *juillet, août, septembre* 1826. 547 pages.

Premier cahier. (Juillet).

— Considérations sur le système de Law. O. RODRIGUES.

— Fragmens philosophiques par M. *Victor Cousin* (2ᵉ article). LAURENT.

— De la circulation. — Échange, vente, promesse, produits, monnaie, papier. P. ENFANTIN.

— Physiologie. — Des termes de passage de la physiologie individuelle à la physiologie sociale (1ᵉʳ article). BUCHEZ.

— De HENRI SAINT-SIMON (4ᵉ article). O. RODRIGUES.

— Examen d'une dissertation sur le mot Encyclopédie, par M. *Guizot*. ST-A. BAZARD.

— Encyclopédie progressive. Première livraison.

Rouen. — Law et son système de finances, par M. *Thiers*. O. Rodrigues. — De l'irritation, considérée sous le rapport physiologique et pathologique, par M. *Broussais*. Buchez. — Religion, par M. *Benjamin Constant*. St-A. Bazard — Économie politique, par M. *J.-B. Say*. P. Enfantin.

— Mélanges. — Mémoire sur les engagemens de la Bourse, dits : Marchés à terme. P. Enfantin. — Nouvelles idées sur la population, avec des remarques sur les théories de Malthus et de Godwin, par *A.-H. Everett*. P. Enfantin. — École de Commerce, séance du 15 juillet. P. Enfantin. — Extrait d'un rapport fait à l'Académie de Médecine, le 1er juillet 1826. Buchez. — Extraits de l'abbé Coyer. — Année Française, ou mémorial politique, scientifique et littéraire, etc. — Annonces.

Deuxième cahier. (Août).

— Quelques réflexions sur la littérature et les Beaux-Arts. Buchez.
— Conversion morale d'un rentier (2e lettre). P. Enfantin.
— De l'aristocratie considérée dans ses rapports avec les progrès de la civilisation, par M. *H. Passy*. P. Enfantin.
— Subordination des sciences. Buchez.
— Des préjugés historiques. Laurent.

— De la classe ouvrière (2ᵉ article). P.-J. ROUEN.

— De la spéculation. J.-J. DUBOCHET.

— MÉLANGES. — Établissement d'une maison de Banque et de Commission, sous la dénomination d'*Agence centrale du mouvement des capitaux et de l'industrie*. P. ENFANTIN. — De la crise d'Angleterre considérée comme originairement produite par les coalitions des ouvriers de 1814. — *Condorcet* jugé par M. le baron *d'Eckstein* dans le Catholique, et *Demaistre* par M. *Mahul*, dans l'Annuaire Nécrologique. P. ENFANTIN et LAURENT. — Élémens d'arithmétique complémentaire, par M. *Berthevin*. P. ENFANTIN. — Revue Encyclopédique. P. ENFANTIN. — Troisième lettre à M. le baron *d'Eckstein*, par M. N. M. BUCHEZ. — Notice historique sur les médecins du grand Hôtel-Dieu de Lyon, par *J.-P. Pointe*. BUCHEZ. — Histoire médicale des marais, et traité des fièvres intermittentes causées par les émanations des eaux stagnantes, par *J.-B. Montfalcon*. BUCHEZ. — L'Ami du Bien, journal consacré à la morale chrétienne et aux progrès des lettres, des sciences et des arts. P. ENFANTIN. — Post-Scriptum de la lettre du rentier converti. P. ENFANTIN.

Troisième cahier. (Septembre).

— Considérations sur les progrès de l'Économie politique dans ses rapports avec l'organisation sociale (1er article). P. ENFANTIN.

— Considérations sur l'histoire. BAZARD.

— Physiologie de l'espèce. — Des termes de passage de la physiologie individuelle à la physiologie sociale (2e article). BUCHEZ.

— Conversion morale d'un rentier (3e lettre). P. ENFANTIN.

— Considérations sur le système théologique et féodal et sur sa désorganisation. LAURENT.

— De la division du pouvoir (1er article). P.-J. ROUEN.

— MÉLANGES. — Réponse au *Globe*. P. ENFANTIN. — Considérations sur les constitutions démocratiques, par M. *Laurentie*. ROUEN. — Du *Catholique* et de M. *d'Eckstein*. BAZARD. — Quelques généralités sur les eaux minérales, par M. *D.-T. Douin*. BUCHEZ. — Recueil et nouveau commentaire des lois du commerce en général, et notamment du commerce maritime, etc., par *A.-C. Gauwin*.

— CORRESPONDANCE. — 1re Lettre au rédacteur du *Producteur* sur le système de la coopération mutuelle et de la communauté de biens, d'après le plan de M. *Owen*; par *Rey* de Grenoble.

— Table générale du TOME QUATRIÈME.

— Cinquième Volume. Numéro d'*octobre* 1826. 160 pages.

Premier numéro. (Octobre).

— De la Grèce. Buchez.
— Considérations sur les progrès de l'économie politique, dans ses rapports avec l'organisation sociale (2ᵉ article). P. Enfantin.
— De l'hygiène. Buchez.
— Coup d'œil historique sur le pouvoir spirituel. Laurent.
— De quelques-uns des obstacles qui s'opposent à la production d'une nouvelle doctrine générale. Bazard.
— Mélanges. — Nouveaux principes d'économie politique; *jour qu'ils peuvent jeter sur la crise qu'éprouve aujourd'hui l'Angleterre.* P. Enfantin. — Réclamation de M. *Tiedemann* dans les archives de médecine. Buchez. — Considérations sur le rapport du nombre des producteurs à celui des non-producteurs en Angleterre. Buchez. — Monomanie homicide. Buchez. — Bibliothèque industrielle, ou *collection des traités séparés des sciences et des arts et métiers.* P. Enfantin. — Mémoires de la Société centrale d'agriculture, sciences et arts *du Département du Nord, séant à Douai.* P. Enfantin. — Économie politique par M. *Schmalz.* P. Enfantin. — Notice biographique

sur M. *Pinel*. Buchez.—Funérailles de *Talma*. Laurent.

— Correspondance. — II⁰ lettre au rédacteur du *Producteur* sur le système de *la coopération mutuelle* et de la *communauté de biens* d'après le plan de M. *Owen*; par *Roy* de Grenoble.

Ici fut interrompue la publication de ce journal.

—— Une Circulaire en date du 12 décembre 1826 annonça la suspension du *Producteur*. Elle fut rédigée par Bazard et signée par les six principaux collaborateurs rangés dans l'ordre alphabétique : Bazard, Buchez, Enfantin, Laurent, Rodrigues, Rouen. - Cette circulaire forme une page *in-quarto*.

Les causes de la suspension du *Producteur* sont expliquées dans l'*Introduction* qui se trouve en tête de l'*Exposition de la Doctrine de* SAINT-SIMON ; Paris 1830. Je me contente d'y renvoyer.

Ici se trouve accomplie d'une manière bien nette une des *phases* du développement de la Doctrine de SAINT-SIMON ; on peut l'appeller la *phase philosophique*.

Le *Producteur* cessé, un silence complet fut gardé pendant un peu plus de deux années. Je vais terminer cette *première partie* de mon travail en donnant une espèce de *table* qui indique l'ordre dans lequel j'ai classé les publications que j'ai énumérées chronologiquement.

TABLE.

(J'ai marqué d'une étoile (*) les ouvrages excessivement rares qui manquent à notre collection. J'ai marqué (**) ceux qui manquent à nous et à Rodrigues).

PUBLICATIONS DANS LE FORMAT *in-octavo*.

a. Lettres d'un Habitant de Genève à ses contemporains (*), 1802.

b. 18 Pièces diverses. 1814 — 1822.

— De la réorganisation de la Société Européenne. Octobre 1814.
— Lettre de HENRI SAINT-SIMON à MM. *Comte* et *Dunoyer*. Novembre 1814.
— Prospectus d'un ouvrage intitulé : Le Défenseur des Propriétaires de domaines nationaux (**), etc. Février 1815.
— Profession de foi du comte de SAINT-SIMON, au sujet de l'invasion du territoire français par Napoléon Bonaparte (**). Mars 1815 (†).
— Opinion sur les mesures à prendre contre la coalition de 1815. Mai 1815.
— Quelques idées soumises par M. de SAINT-SIMON à l'Assemblée générale de la Société d'Instruction primaire. Août 1816.
— Deux Extraits du *Politique*. Avril 1819.
— Lettres de HENRI SAINT-SIMON à Messieurs les Jurés qui doivent prononcer dans l'accusation intentée contre lui. Mars 1820.

(†) La bibliothèque particulière du Roi en possède un exemplaire.

— Considérations sur les mesures à prendre pour terminer la Révolution. Juin 1820 (n° 1). (Voyez page 22).
— Cinq Lettres aux Industriels. Ce sont celles que j'ai marquées n° 4, n° 9, n° 10, n° 11, n° 12. (Voyez pages 24 25 et 26.)
— Sur les Élections (*). Octobre 1820.
— Des Bourbons et des Stuarts. Janvier 1822.
— Suite à la brochure des Bourbons et des Stuarts. 24 Janvier 1822.

c. L'Industrie. *Premier volume*, 1817.

d. L'Industrie. *Deuxième volume* 1817, réuni avec le premier cahier du *quatrième volume* du même ouvrage, 1818.

e. Le Politique. 1818—1819.

f. L'Organisateur. Deux livraisons réunies en un volume.

g. Système Industriel. Les *trois parties* réunies. 1821—1822.

h. Catéchisme des Industriels. Les *quatre cahiers*. 1823—1824.

i. Opinions littéraires, philosophiques et industrielles. 1825.
— Nouveau Christianisme. 1825.

k. Le Producteur. *Premier volume*. 1825.

l. ——— *Deuxième volume*. 1826.

m. ——— *Troisième volume*. 1826.

n. ——— *Quatrième volume*. 1826.

o. ——— *Cinquième volume*. 1826, un seul cahier.

— Prospectus de 1825.
— Prospectus de 1826.

PUBLICATIONS DANS LE FORMAT *in-quarto*.

p. Introduction aux travaux scientifiques du xixe siècle. *Premier volume*. 1808.

q. Introduction aux travaux scientifiques du xixe siècle. *Deuxième volume* (*). 1808.
— Nouvelle Encyclopédie (*). 1810.
r. (1) Lettres au Bureau des Longitudes. *Première livraison*. 1808.
— Première Correspondance. *Deuxième livraison* (*). 1808.
— Mémoire introductif de M. de SAINT-SIMON, sur sa contestation avec M. de Redern. 1812.
— Quatre circulaires. 1817.
— L'Industrie. *Troisième volume*, quatre cahiers, 1817.
— L'Industrie. *Quatrième volume*, premier cahier. 1817.
— Quatre Lettres *lithographiées*, celles que j'ai marquées no 5, no 6, no 7, no 8. (Voyez pages 24 et 25) (2).
— Lettre d'envoi aux Électeurs. Novembre 1820.

Pour terminer cette série alphabétique, j'ai marqué des lettres s, t, etc. les 8 volumes du *Globe Littéraire*, parce qu'ils forment les *antécédens* de VOLUMES du GLOBE que nous avons publiés plus tard (3).

s. Le Globe *in-quarto*, tome I, du 15 septembre 1824 au 28 avril 1825, 100 nos, 504 pag.
t. ——————— tome II, du 1er mai 1825 au 22 décembre 1825, nos 101—200, pag. 505—1044.
u. ——————— tome III, du 24 décembre 1825 au 12 août 1826, 100 nos, 536 pages.

(1) En tête de ce volume j'ai placé une lettre autographe de SAINT-SIMON à M. Bose, membre de l'Institut.

(2) Je n'ai pas pu placer dans ce volume les lettres no 1 et no 3 à cause de la grandeur de leur format. On les retrouvera, ainsi que la circulaire *in-quarto* du Producteur, dans le volume U.

(3) Cette collection bien complète est *rare*, nous n'en possédons qu'un exemplaire qui soit dans ce cas.

v ——————— tome IV, du 15 août 1826 au 5 avril 1827, 100 n^{os}, 552 pages.

x. ——————— tome V, du 5 avril au 22 novembre 1827, 100 n^{os}, 536 pages.

y. ——————— tome VI, du 24 novemb. 1827 au 31 décemb. 1828, 124 n^{os}, 938 pages.

?. ——————— tomes VII et VIII, du 3 janv. 1829 au 30 déc. 1829, 104 n^{os}, 850 pages. — du 2 janvier au 10 février 1830, 12 n^{os}, 96 pages.

F<small>IN DE LA</small> PREMIÈRE PARTIE.

BIBLIOGRAPHIE SAINT-SIMONIENNE.

DEUXIÈME PARTIE.

J'ai dit qu'un silence complet avait été gardé pendant un peu plus de deux années. En effet, nous venons de voir le dernier numéro du Producteur, celui d'octobre 1826, clore toute une série de travaux, et une circulaire en date du 12 décembre 1826 annoncer la suspension de ce journal, dernière expression des travaux *directs* de SAINT-SIMON. C'est le 17 décembre 1828, au milieu de l'élaboration la plus active du dernier écrit du MAITRE, que commença une exposition régulière de la doctrine devant une cinquantaine d'auditeurs. Cette première séance eut lieu dans la chambre d'ENFANTIN, à l'entresol qu'il occupait dans l'hôtel de la Caisse Hypothécaire (1), et c'est parce que cette chambre se trouva trop petite, que pour la seconde séance, celle du 31 décembre, nous louâmes la salle de la rue Taranne, n. 12, où se continuèrent ensuite les séances successives qui avaient lieu tous les quinze jours. L'intervalle était rempli par de fréquentes réu-

(1) Rue Neuve-Saint-Augustin, n. 50.

nions où s'agitaient, s'élaboraient et se fixaient les idées qui devaient être présentées dans la séance suivante (1).

Pour prévenir d'avance les réclamations de susceptibilités diverses, et pour n'avoir pas à y répondre, je préviens ici, une fois pour toutes, que je n'écris pas une *histoire de la* Doctrine, que je ne donne qu'une *Bibliographie* à laquelle j'ajoute quelques dates destinées à jeter de l'intérêt et de la clarté sur cet énoncé aride de publications qui seront un excellent guide pour écrire plus tard l'*histoire intellectuelle du* Saint-Simonisme. Je vais donc reprendre de suite l'énumération des publications que nous avons faites, mais auparavant il faut dire un mot sur l'ordre que j'ai adopté;

J'ai balancé si je donnerais, comme je l'ai fait pour les ouvrages de SAINT-SIMON, le titre des divers écrits en les classant dans un ordre purement chronologique; mais en réfléchissant que presque tous ces travaux ont été publiés dans un intervalle de moins de deux années, j'ai pensé qu'il était préférable de les nommer dans l'ordre où ils sont classés dans notre collection. Ce mode a l'inconvénient d'entraîner quelques répétitions, comme on le verra, mais d'une part l'inconvénient est faible, et d'une autre part il m'a paru largement compensé par l'avantage d'offrir à ceux qui ont rassemblé nos écrits un moyen de les classer dans le même ordre que la collection que nous consultons quand nous avons à revenir sur notre passé.

(1) Cette élaboration avait lieu alors entre : Enfantin, Bazard, Bucuez, O. Rodrigues, Laurent, E. Rodrigues et Margerin.

Tout ce qui a été publié dans le format *in-octavo*, compose une série de volumes marqués par a, b, etc. jusqu'à z. Ceux, en plus petit nombre, qui ont été imprimés dans les formats *in-quarto* et *in-folio* composent une série de volumes marqués par les majuscules A, B, etc.

PUBLICATIONS DANS LE FORMAT *in-octavo*.

a.

—— Dix Pièces Diverses. Volume de 554 pages. 1830—1831.

J'ai réuni dans ce volume toutes les *brochures* qui ne sont extraites d'*aucun* de nos Journaux, *et qui ont été publiées à Paris* (1).

— 1° *L'Education du Genre Humain*, de Lessing, traduit pour la première fois de l'Allemand sur l'édition de Berlin, de 1785, par Eugène Rodrigues. Ouvrage publié dans les premiers jours de janvier 1830, peu de jours avant la mort d'Eugène (13 janvier 1830). Chez Froment, libraire, rue Dauphine, n. 24. Paris 1830. 36 pages imprimées chez Belin, rue des Mathurins-St-Jacques, n. 14.

— 2° *Aux Artistes*. Par Emile Barrault. Brochure publiée en mars 1830, chez Alexandre

(1) Les pièces relatives aux *Missions* ou *publiées en Province*, forment un volume à part sous la lettre p. Celles publiées à *Mesnilmontant* forment un autre volume sous la lettre y.

Mesnier, place de la Bourse. Paris 1830. 84 pages tirées à 1500. Imprimerie de Lachevardière, rue du Colombier, n. 30. *Épuisé.*

— 3° *Lettre au Président de la Chambre des Députés*, en date du 1er octobre 1830. Elle est signée : BAZARD - ENFANTIN chefs de la Religion Saint-Simonienne. Elle a été entièrement rédigée par BAZARD. De l'imprimerie d'Everat, rue du Cadran, n. 16. 8 pages tirées à 10,000. Cette lettre a été reproduite dans le Globe du 13 septembre 1831.

— 4° *La même pièce.* Réimprimée chez Éverat en 1831. 8 pages tirées à 20,000.

— 5° *Résumé du premier volume d'Exposition.* Par HIPPOLYTE CARNOT. Extrait de la Revue Encyclopédique, cahier de novembre 1830. Brochure publiée en décembre 1830; imprimée chez madame veuve Thuau, rue du Cloître-Saint-Benoît, n. 4. 45 pages tirées à 2,000.

— 6° *La même pièce. Deuxième Édition.* Mai 1831. 45 pages imprimées chez Éverat, et tirées à 4,000.

— 7° *La même pièce. Troisième Édition.* Décembre 1831. 45 pages imprimées chez Everat, tirées à 4,000 (1).

— 8° *Lettres sur la Religion et la Politique.* Par EUGÈNE RODRIGUES. Première Édition, *épuisée* (2).

(1) Les deux *Premières Éditions* sont assez rares.
(2) Voyez le volume O.

Introduction.

Première lettre. L'époque actuelle.

Deuxième lettre. La philantropie et le sentiment religieux. — Mission des disciples de SAINT-SIMON.

Troisième lettre. Progrès de la conception théologique.

Quatrième lettre. La Trinité.

Cinquième lettre. Identité de la *Politique* et de la *Religion*.

Sixième lettre. Analogie du *culte* et de l'*industrie* dans l'antiquité.

Septième lettre. La vie future.

Huitième lettre. Constitution de l'avenir.

Neuvième lettre. Préjugés scientifiques.

Dixième lettre. Le catholicisme. — Le millénium.

Onzième lettre. Évolution du Christianisme.

Douzième lettre. Le protestantisme. — La prêtrise.

Treizième lettre. Le clergé de l'avenir. — Nécessité de compléter la Bible. — Vues sur la propriété.

Quatorzième lettre. Le dogme Chrétien. — Le dogme Saint-Simonien.

Note explicative.

Ces lettres qui avaient été adressées partie à *Bahrus*

partie à Ressteguier, en 1828 et 1829 sont suivies d'une réimpression de l'*Éducation du Genre Humain*, par Lessing. Ces divers morceaux forment 197 pages tirées à 2,000 et publiées en janvier 1831, chez Mesnier, place de la Bourse. De l'imprimerie d'Everat.

— 9° *Lettres du* PÈRE ENFANTIN *à* CHARLES DUVEYRIER. Juin 1830. — A *François et Peiffer*, chefs de l'église de Lyon, juillet 1831. —Réimpression de l'article du *Prêtre*, extrait du Globe du 18 juin 1831. Ces divers morceaux forment un écrit de 22 pages, publié au commencement de décembre 1831, et tiré à 2,500. De l'imprimerie d'Everat. *Épuisé* (1).

— 10° *Réunion générale de la Famille*. Séances des 19 et 21 novembre 1831. — Note sur le mariage et le divorce, par OLINDE RODRIGUES. Imprimerie d'Everat. 64 pages tirées à 1500.

Cette brochure n'est autre que le commencement du livre intitulé : MORALE et qu'on retrouvera plus loin sous la lettre n, mais comme elle est souvent désignée dans le *Procès en Cour d'Assises* sous le nom qu'elle porte ici, je l'ai conservée dans ce volume comme publication séparée.

b.

— EXPOSITION. *Première année*. 1828—1829. Vo-

---

(1) Voyez le volume 1°.

lume de 327 pages, publié en août 1830, chez Mesnier, place de la Bourse. De l'imprimerie d'Everat, rue du Cadran, n. 16. Tiré à 2,000. Cette *première Édition* est devenue *rare*; dans le numéro de l'*Organisateur* du 27 août 1830, elle est annoncée comme venant d'être mise en vente.

Puisque les deux volumes d'*Exposition* ont été l'objet de contestations puériles, je vais entrer dans quelques détails.

« Nul d'entre nous ne peut prétendre être l'*auteur* » des deux volumes d'Exposition de la Doctrine, » me disait un jour le PÈRE (1), et ce mot est très-vrai; car, lorsque des hommes se sont *associés* pour travailler en commun, qu'ils reçoivent en même temps qu'ils donnent, qu'ils échangent et modifient des idées, les complètent, parviennent à les fixer; puis ensuite, que l'un d'eux *expose*, AU NOM DE TOUS, le résultat de cette élaboration; où est l'auteur? c'est tous et personne. Ainsi furent faits ces deux volumes; aussi ne portent-ils d'autre NOM que celui de SAINT-SIMON.

Veut-on parler de la *rédaction*, de la *forme* donnée à cette Exposition d'idées amassées pendant vingt-cinq années, et préparée comme je l'ai dit p. 63 et 64?

---

(1) Je rapporterai ici, un mot de BAZARD qui a tout à fait le même sens. J'avais rédigé la première et la seconde séance, et la forme que j'avais donnée plaisait beaucoup à BAZARD qui m'en félicitait. Je lui répondis que le tableau était conçu et dessiné, que je n'avais eu qu'à peindre. « Eh mon Dieu, me dit-» il, vous avez fait ce que nous avons tous fait. » Je cite littéralement.

Pour le Premier Volume, la forme d'*Exposition* a été imprimée par BAZARD qui constamment portait la parole (1). Quant à la *rédaction* elle a été retouchée en entier par le PÈRE, et elle avait été faite principalement par CARNOT, FOURNEL, et DUVEYRIER.

Pour le Second Volume, la forme d'*Exposition* porte aussi le cachet de BAZARD, et la *rédaction* a été faite par CARNOT à l'exception des *douzième* et *treizième* séances que BAZARD a écrites lui-même. Mais les eût-il *écrites* toutes, ce détail ne changerait rien à la manière dont ces *treize leçons* ont été *faites*, et ne pourrait jamais donner que l'*apparence* de la réalité à une prétention d'*auteur* si, par faiblesse, elle était émise (voyez page 73).

Voici la *table* des matières contenues dans le Premier Volume.

> *Introduction.* Ire partie. Histoire des travaux de la Doctrine.
>
> IIe partie. Plan de l'ouvrage.

Cette *introduction* est entièrement de la main du PÈRE.

---

(1) Il faut excepter la *cinquième* et la *quinzième* séances qui furent faites par O. RODRIGUES. Il faut excepter aussi la *huitième*, la *douzième* et la *seizième* qui se composent de travaux écrits par LE PÈRE et *lus* par lui à la rue Taranne. En outre plusieurs leçons ont été refaites entièrement par LE PÈRE pour l'impression, mais il ne s'agit pas ici de faire le départ de ce volume.

Lettre à un catholique sur la vie et le caractère de SAINT-SIMON (Extrait de l'*Organisateur* du 19 mai 1830). Par GUSTAVE D'EICHTHAL.

EXPOSITION.

Première séance. — De la nécessité d'une Doctrine sociale nouvelle. 17 décembre 1828.

Deuxième séance. — Loi du développement de l'humanité. — Vérification de cette loi par l'histoire. 31 décembre 1828.

Troisième séance. — Conception. — Méthode. — Classification historique. 14 janvier 1829.

Quatrième séance. — Antagonisme. — Association universelle. — Décroissance de l'un ; progrès successifs de l'autre. 28 janvier 1829.

Cinquième séance. — Digression sur le développement général de l'Espèce Humaine. 11 février 1829.

Sixième séance. — Transformation successive de l'exploitation de l'homme par l'homme, et du droit de propriété. — Maître, esclave. — Patricien, plébéien. — Seigneur, serf. — Oisif, travailleur. 25 février 1829.

Septième séance. — Constitution de la propriété. — Organisation des Banques. 11 mars 1829.

Huitième séance. — Théories modernes sur la propriété. 25 mars 1829.

Neuvième séance. — Education. — Education générale ou morale. — Education spéciale ou professionnelle. 22 avril 1829.

Dixième séance. — Suite de l'éducation générale ou morale. 6 mai 1829.

Onzième séance. — Éducation spéciale ou professionnelle. 20 mai 1829.

Douzième séance. — Législation. 3 juin 1829.

Treizième séance. — Introduction à la question religieuse. 17 juin 1829.

Quatorzième séance. — Objections tirées de la prétention des sciences positives à l'irréligion. 1er juillet 1829.

Quinzième séance. — Digression sur l'ouvrage intitulé : *Troisième cahier du Catéchisme des Industriels*, par AUGUSTE COMTE, *élève* de SAINT-SIMON (1). 15 juillet 1829.

Seizième séance. — Lettre sur les difficultés qui s'opposent aujourd'hui à l'adoption d'une nouvelle croyance religieuse. 29 juillet 1829.

Dix-septième séance. — Développement religieux de l'humanité. — Fétichisme, Polythéisme. Monothéisme Juif et Chrétien. 12 août 1829.

J'ai joint à ce volume un exemplaire du résumé de l'Exposition. *Première édition.*

C.

—— EXPOSITION. *Première année.* 1828 — 1829.

(1) Voyez, pages 30 et 31 de cette brochure, l'indication de l'ouvrage dont il est ici question.

Deuxième Édition publiée en décembre 1830. Un volume de 431 pages imprimé chez Éverat, et tiré à 2000. Cette édition est, *typographiquement*, la plus soignée.

J'ai joint à ce volume 1° la Lettre au Président de la Chambre des Députés, *seconde édition*. 2° Le Résumé de l'Exposition, *seconde édition*.

d.

—— Exposition. *Première année.* 1828 — 1829. Troisième Édition publiée en août 1831. Un volume de 432 pages imprimé chez Éverat. Le Globe du 30 août 1831 annonce cette *troisième édition* comme venant de paraître. Tiré à 3000.

J'ai joint à ce volume le Résumé de l'Exposition, *Troisième édition*.

e.

—— Exposition. *Seconde année.* 1829 — 1830. Première Édition, publiée en décembre 1830. Un volume de 172 pages imprimé chez Éverat, et tiré à 500, épuisé.

Ce volume se compose de treize séances qui ont été, *entièrement si on le veut*, rédigées par BAZARD (1),

---

(1) Voyez page 70.

C'est cette circonstance qui a porté BAZARD, retiré de la communion Saint-Simonienne, à réclamer ce volume comme étant *sa propriété*, et à intenter même, le 28 février 1832, un procès au PÈRE pour que celui-ci ne disposât pas de cette *propriété particulière*. Tous ceux qui ont assisté à la naissance, au développement, à l'élaboration orageuse des idées qui forment la et que nous avions déjà publiées dans les numéros successifs de l'*Organisateur*.

Première séance. — Résumé de l'exposition de la première année. 18 novembre 1829.

Deuxième séance. — État du monde au moment de l'apparition du Christianisme. — Appropriation du dogme chrétien aux besoins de l'humanité. — Fondement de la division établie au moyen-âge, entre le pouvoir spirituel et le pouvoir temporel, entre l'Église et l'État. 2 décembre 1829.

Troisième séance — Du pouvoir spirituel et du pouvoir temporel. 30 décembre 1829.

Quatrième séance — Du pouvoir spirituel et du pouvoir temporel en Occident. 13 janvier 1830.

Cinquième séance — Du pouvoir spirituel et du pouvoir temporel. 27 janvier 1830.

Sixième séance. — Dogme Chrétien. 24 février 1830.

Septième séance. — Dogme Saint-Simonien (1). 10 mars 1830.

base de ces *treize leçons*, tous ceux qui connaissent *les antécédens de la scission de Bazard* (25 décembre 1829), savent que la prétention émise par BAZARD porte à faux. Nous sommes bien loin de dénier à cet homme puissant la large part qu'il a prise de nos travaux, mais à travers ces grands débats être venu jeter une réclamation chicanière d'*auteur*, c'était à la fois une illusion et une abdication. L'illusion a été jugée avec indulgence, l'abdication était acceptée *depuis le 11 novembre*.

(1) Le Dogme tel qu'il est présenté dans cette séance renferme l'idée vicieuse du DUALISME entre *le fini* et *l'infini*; la lettre du PÈRE à *François* et *Peiffer* formule d'une manière unitaire le

Huitième séance. — Réponse à quelques objections sur le dogme. 24 mars 1830.

Neuvième séance. — Traduction du dogme trinaire dans l'ordre social. 7 avril 1830.

Dixième séance. — Le prêtre. 21 avril 1830.

Onzième séance. — Le savant. 5 mai 1830.

Douzième séance. — L'industriel. 19 mai 1830 (1).

Treizième séance. — La hiérarchie. juin 1830.

J'ai joint à ce volume les *cinq discours* d'ABEL TRANSON que nous allons voir figurer dans le volume g, et les *lettres* DU PÈRE qui se trouvent déjà dans le volume a, pour que le volume e, contînt toutes les *premières éditions* des pièces réimprimées dans le suivant.

f.

—— EXPOSITION. *Seconde année.* 1829 — 1830. DEUXIÈME ÉDITION. Un volume de 324 pages imprimé chez Everat.

Il renferme les *treize leçons* dont je viens de donner les titres. Elles forment 218 pages, et l'on a réimprimé à la suite :

1° *Les cinq discours aux Élèves de l'École Polytechnique* par ABEL TRANSON. pages 219 — 297.

Dogme Saint-Simonien qui a reçu son dernier perfectionnement le 8 avril 1833, en présence des juges étonnés d'entendre dire si simplement de si grandes choses.

(1) Elle fut insérée dans le numéro de l'*Organisateur* qui parut le 10 juin 1830. n° 45, *première année.*

2° *Les lettres* du PÈRE que nous avons déjà vues dans le volume ıı et qui tiennent de la page 299 à la page 321.

La table des matières occupe les pages 321 — 324.

Cette *seconde édition* qui renferme ainsi toute la partie dogmatique du Saint-Simonisme, telle qu'elle fut enseignée jusqu'à la fin de 1832, n'a pas encore paru, quoique son impression ait été commencée en juillet 1831. J'ai dit tout-à-l'heure le motif de ce retard qui est uniquement dû à l'inconcevable procès *de propriété* intenté par BAZARD (1).

Le 11 novembre 1831, jour de la scission de BAZARD, les dix premières feuilles étaient *tirées*; et le 28 février 1832, quand se présenta l'huissier agissant à la requête de BAZARD, le volume était *entièrement terminé*.

Le tirage en a été fait à 2000 exemplaires qui existent intacts chez Everat. Le titre seul reste à imprimer.

(1) Pour expliquer aux Saint-Simoniens le retard de cette publication qu'ils ont réclamée de nous tant de fois, j'avais placé ici une note étendue dans laquelle je rendais compte des tentatives de conciliation qui ont été faites, et dans laquelle j'exposais la faiblesse des *prétextes* sur lesquels repose ce procès. Je l'ai supprimée par respect pour la mémoire de celui qui fut, pendant près de deux années, placé à titre égal auprès DU PÈRE; et aussi dans l'espérance que cette *nouvelle* preuve de modération hâterait la fin d'un débat pénible, débat dans lequel devraient être réveillés bien des chagrins de famille, puisqu'il faudrait exposer *toutes les circonstances* qui l'ont produit, devant des juges étrangers *à l'esprit* dans lequel notre association a été formée, et aux causes *réelles* des scissions qui ont déchiré notre sein.

g.

— Extraits de L'organisateur. 1829—1831. 19 pièces diverses formant un volume de 597 pages.

Extraits de la *première année*.

— 1° *Deux lettres à un vieil ami sur les domestiques*; par Gustave D'Eichthal. L'une extraite du numéro 9 (10 octobre 1829); l'autre extraite du n° 15 (22 novembre 1829). 14 pages. *Épuisé*.

— 2° *Lettre à un libéral* (M. P. Madier de Montjau); par P. M. Laurent. Extraite du n° 26 (7 février 1830). 18 pages. *Épuisé*.

— 3° *Aux chrétiens*, par Charles Duveyrier. Extrait du n° 31 (14 mars 1830). 19 pages. *Épuisé*.

— 4° *Des sentiments de famille et d'amitié*, par Gustave D'Eichthal. Extrait du n° 34 (4 avril 1830). 19 pages. *Épuisé*.

— 5° *Correspondance*, par Charles Duveyrier. Extrait du n° 38 (4 mai 1830). 14 pages. *Épuisé*.

— 6° *A un catholique. Sur la vie et le caractère de* SAINT-SIMON; par Gustave D'Eichthal. Extrait du n° 39 (19 mai 1830). 13 pages. *Épuisé*.

— 7° *Treize séances*, ou exposition (2me année). 172 pages. Cette pièce se trouve déjà dans le volume c. Extraits du n° 19 (20 décembre 1829) au n° 47 (13 juillet 1830).

— 8° *Cinq Discours* aux élèves de l'École Polytechnique par Abel Transon. 70 pages tirées à 1500. *Épuisé.*

La Religion. 1er discours prononcé le 16 mai 1830. Extrait du numéro 48 (16 juillet 1830).

Dieu. 2me discours prononcé le 30 mai 1830. Extrait du numéro 49 (24 juillet 1830).

L'humanité. 3me discours prononcé le 13 juin 1830. Extrait du numéro 50 (1er août 1830).

L'héritage. 4me discours prononcé le 27 juin 1830. Extrait du numéro 3, seconde année (7 septembre 1830).

Appel. 5me discours prononcé le 11 juillet 1830. Extrait du numéro 4, seconde année (11 septembre 1830).

— 9° La même pièce réimprimée à Bruxelles en 1831, chez Laurent frères, imprimeurs-libraires, place de Louvain, n. 7. 64 pages.

Extraits de la *deuxième année.*

— 10° *La Marseillaise*, par Michel Chevalier. Extrait du n° 4 (11 septembre 1830). 8 pages. *Épuisé.*

— 11° La même pièce réimprimée en mai 1832, pour les feuilles populaires. 4 pages.

— 12° *Enseignement central.* Leçon faite par Jules Lechevalier, le jeudi 20 janvier 1831, à l'Athénée (place Sorbonne). Cette leçon est extraite des numéros 24 et 25 (29 janvier

et 5 février 1831). 64 pages tirées à 1500. *Épuisé.*

— 13° *Aux femmes*, par *Palmire Bazard*. Extrait du n° 28 (26 février 1831). 8 pages imprimées à *Rouen*, chez D. Brière, rue St-Lô, n. 7, pendant la mission de Jules au mois de mai suivant.

— 14° *Enseignement central.* Leçon faite par H. Carnot, extraite du n° 35 (16 avril 1831). 19 pages tirées à 2,000. *Épuisé.*

— 15° *Sur la constitution de la propriété*; prédication faite à Lyon, le 20 mai 1831; par Jean Reynaud. Extrait du n° 39 (14 mai 1831). Ce numéro n'a paru qu'en juin. 14 pages tirées à 2,000. *Épuisé.*

— 16° *Enseignement central.* Deux leçons faites par H. Carnot, extraites des numéros 38 et 40 (7 et 21 mai 1831). 32 pages, ont été tirées à 2,000 et le reste de cet extrait n'a pas été achevé.

— 17° *Aux ouvriers*, par un ouvrier (*Haspott*), Extrait du n° 42 (4 juin 1831). 12 pages tirées à 1500.

— 18° *Réponse à quelques objections*, par Jules Lechevalier. Extrait du n° 43 (11 juin 1831). 16 pages imprimées à *Strasbourg. Épuisé.*

— 19° *Communion générale.* Extrait des n°ˢ 47 et 48 (2 et 9 juillet 1831). 40 pages tirées à 4,000.

h.

—— EXTRAITS DU GLOBE. *Premier Volume.* 1830—1831. Un volume de 464 pages.

— 1° *Économie politique et politique*, série d'articles du PÈRE extraits du Globe du 28 novembre 1830 au 18 juin 1831. *Première édition.* Juillet 1831. 176 pages tirées à 3,000. *Épuisé* (1).

— 2° *Politique Européenne*, par MICHEL CHEVALIER. Extraits du Globe, formant une brochure de 127 pages, publiée en décembre 1831 et tirée à 2,000. Elle renferme :

AVIS.

L'INTERVENTION. 17 décembre 1830.

LOI DES 80,000 HOMMES. — LA FRANCE ET L'ANGLETERRE. 8 décembre 1830.

DIRECTION NOUVELLE A DONNER A LA POLITIQUE GÉNÉRALE. 3 juin 1830.

LA RUSSIE ET LA POLOGNE. 4 juin 1831.

ALLIANCE DE LA RUSSIE AVEC LA PORTE. — ÉQUILIBRE EUROPÉEN. — RÔLE DE LA RUSSIE. 18 juin 1831.

LA BELGIQUE ET LA POLOGNE. 14 juin 1831.

SITUATION DE L'AUTRICHE. 8 juin 1831.

DU RÔLE QUI CONVIENT A L'ALLEMAGNE ET A LA PRUSSE EN PARTICULIER. 16 juin 1831.

(1) Voyez la lettre O.

Rôle de la Presse. *Deuxième article*. 26 juin 1831.

L'Angleterre. 22 juin 1831.

La Paix et la Guerre. 29 juin 1831.

La Pologne. 8 mars 1831.

La Pologne. 20 octobre 1831.

Alger. 10 novembre 1831.

— 3° *Lettres sur la Législation* dans ses rapports avec la Propriété; par *A. Decourdemanche*, avocat. Tirage 1000.

Première partie. Du 22 novembre 1830 au 5 mars 1831. 47 pages.

Deuxième partie. Du 16 avril au 24 octobre 1831. 114 pages.

Brochure publiée fin octobre 1831. *Épuisée*.

j.

—— Extraits du Globe. *Deuxième Volume*. 1831. 16 pièces formant un volume de 481 pages.

— 1° *Pétition d'un Prolétaire* à la Chambre des Députés; par *Charles Béranger*, ouvrier horloger. Extrait du Globe du 3 février 1831. 16 pages tirées à 4,000.

— 2° *L'Art*. Prédication d'Émile Barrault. Globe du 2 mai 1831. 23 pages tirées à 1000. *Épuisé*.

— 3° *Quatre articles sur l'Hérédité de la Propriété*,

par Henri Fournel. — L'Oisif antique et l'Oisif moderne; Globe du 21 mars 1831. — Trois articles en réponse à une brochure de M. Massias. Globe des 26 juin, 26 août, et 27 septembre 1831. 30 pages tirées à 2000. *Épuisé*.

— 4° *La Presse.* Trois articles de Michel Chevalier, extraits du Globe des 1, 6 et 11 juillet 1831. 28 pages tirées à 4000. *Épuisé*.

— 5° *Rapports* aux PÈRES SUPRÊMES sur la situation et les travaux de la Famille. Séance du 16 août 1830.

    I. Sur la situation financière. Gustave d'Eichthal.
    II. Sur les travaux de la Famille. Stéphane Flachat.
    III. Sur le degré des ouvriers. Henri Fournel.
    IV. Sur les Enseignemens. H. Carnot et Duguid.

Extraits du Globe des 2 et 3 septembre 1831. 33 pages tirées à 4000.

— 6° *Parti politique des Travailleurs* (1), prédication de P. M. Laurent extraite du Globe du 10 octobre 1831. 16 pages tirées à 1500. *Épuisé*.

— 7° *Moyen de supprimer immédiatement les impôts* des boissons, du sel et de la loterie. —

---

(1) Dans un tableau qui est placé page 400 du *Procès en Cour d'Assises* on trouve une indication ainsi conçue: *Parti Politique des Travailleurs*, par LE PÈRE. Cette indication est fautive. Il y a en effet dans le *Globe* du 6 octobre 1831 un article du PÈRE qui porte ce titre, mais cet article n'a pas été tiré à part.

Examen pratique de la question de l'amortissement ; par ÉMILE PEREIRE. Extr. du Globe 25 octob. 1831. 15 pag. tirées à 10,000. *Épuisé.*

— 8° Les mêmes articles compris dans la brochure précédente, réimprimés avec deux articles de MICHEL CHEVALIER — *Projet de Discours* de la Couronne pour l'année 1831, extrait du Globe du 23 juillet 1831. — *La Vendée*, extrait du Globe du 26 octobre 1831. Brochure de 35 pages, tirée à 4000. *Épuisée.*

— 9° *Leçons sur l'Industrie et les Finances*, faites à l'Athénée (place de la Sorbonne) ; par ISAAC PEREIRE. Extraites du Globe des 9, 10, 16, 24 septembre ; 17 octobre ; 2, 13 et 14 novembre 1831. — Suivies d'un projet de Banque présenté le 4 septembre 1830 par *les frères* PEREIRE. Brochure de 105 pages, tirée à 2,000.

— 10° *Correspondance*, extraits du Globe du 18 au 22 novembre 1831. Brochure de 56 pages, tirée à 4,000.

— 11° *Appel*, par BENJAMIN OLINDE RODRIGUES. Extrait du Globe du 28 novembre 1831. 15 pages tirées à 10,000.

— 12° *Cérémonie du 27 novembre.* — Protestation de JEAN REYNAUD. Extrait du Globe du 28 novembre. 24 pages tirées à 4,000.

— 13° *Évènements de Lyon.* Extraits du Globe du 25 au 30 novembre 1831. 16 pages tirées à 2,000.

— 14° *Vue générale* sur le nouveau caractère de l'apostolat Saint-Simonien. Morale individuelle; prédication d'Abel Transon, extraite du Globe du 12 décembre 1831. — Allocution de Laurent, extraite du Globe du 13 décembre 1831. Brochure de 20 pages, tirée à 1,500.

— 15° *Enseignement des Ouvriers* du 18 décembre, extrait du Globe du 23 décembre 1831. 23 pages tirées à 4,000.

— 16° *Enseignement des Ouvriers* du 25 décembre, extrait du Globe du 30 décembre 1831. 26 pages tirées à 10,000.

k.

— Extraits du Globe. *Troisième volume.* 1832. 11 pièces formant un volume de 455 pages.

— 1° *Emprunt Saint-Simonien.* Émission de la première série. Extrait du Globe du 1ᵉʳ janvier 1832. 16 pages tirées à 10,000.

— 2° *Affranchissement de la Femme*; prédication d'Abel Transon, extraite du Globe du 2 janvier 1832. 10 pages tirées à 2,500.

— 3° *Poursuites.* Extrait du Globe du 23 janvier 1832. 40 pages tirées à 10,000.

— 4° *Est-ce légalement* que le gouvernement a fait suspendre l'exercice du culte Saint-Simonien? par *A. Decourdemanche*, avocat, extrait

du Globe du 26 janvier 1832. 18 pages tirées
à 1,000.

— 5° *Système de la Méditerranée*; par Michel
Chevalier. Quatre articles extraits du Globe
des 20 et 31 janvier, 5 et 12 février 1832.
56 pages tirées à 4,000.

— 6° *Politique Industrielle*. Recueil d'articles extraits du Globe des 8, 21 et 30 mars; 2, 9,
11, 13, 16 et 20 avril; par Michel Chevalier, Stéphane Flachat, Charles Duveyrier,
Henri Fournel. — Suivi de la réimpression
du Système de la Méditerranée. Brochure de
151 pages, tirée à 4,000.

— 7° *Au Roi*, par Henri Fournel. Extrait du Globe
du 13 avril 1832. 7 pages.

— 8° La même pièce réimprimée en mai 1832 pour
les feuilles populaires. 5 pages.

— 9° La même pièce réimprimée encore une fois
en juin (1) pour les feuilles populaires. 4 pages.

— 10° *A Tous*. Tirage à part du dernier numéro
du *Globe* (20 avril 1832). LE PÈRE, Michel
Chevalier, Barrault, Duveyrier. 33 pages
tirées à 10,000, et publiées en avril 1832.

— 11° *La Prophétie*. Mesnilmontant, 1ᵉʳ juin 1832.
Série d'articles DU PÈRE, de Charles Duveyrier, Gustave D'Eichthal, Michel Chevalier,

---

(1) Avec la réimpression de ce rapport dans la *Politique Industrielle*, on voit qu'il a été imprimé *cinq fois*.

Emile Barrault, extraits du Globe des 19 et 24 février; 26, 28, 29 et 31 mars; 4, 10, 14 et 20 avril 1832. 115 pages tirées à 4,000.

I.

—— Prédications. Tome Premier. Mars 1832. Un volume de 606 pages, tiré à 3,000.

Les Prédications ont commencé à la rue Monsigny, le 11 avril 1830. Le 10 octobre suivant a eu lieu la *première Prédication à la Salle Taitbout*. Ce Volume et le suivant renferment les œuvres principales des six prédicateurs qu'a eus la Religion Saint-Simonienne de 1830 à 1832.

— I. La Bonne Nouvelle. Abel Transon. 11 juillet 1830.

— II. Réalisation de la Doctrine Saint-Simonienne. P.-M. Laurent. 25 juillet 1830.

— III. Nous sommes les hommes de l'Avenir. P.-M. Laurent. 22 août 1830.

— IV. Liberté, égalité, ordre public. P.-M. Laurent. 5 septembre 1830.

— V. L'Incrédulité. E. Barrault. 28 novem. 1830.

— VI. La Charité. E. Barrault. 25 avril 1831.

— VII. Apologie. P.-M. Laurent. 3 octobre 1830.

— VIII. État de l'Europe. P.-M. Laurent. octobre 1830.

— IX. Les Femmes. E. Barrault. 7 novembre 1830.

— X. La Propriété. Jean Reynaud. 20 mai 1831. Lyon.

— XI. La Hiérarchie. E. Barrault. 21 novembre 1830.

— XII. Le Sacerdoce. E. Barrault. 5 décembre 1830.

— XIII. L'Intervention. E. Barrault. 30 janvier 1831.

— XIV. L'Intervention. P.-M. Laurent. 6 février 1831.

— XV. La Loi de sang. E. Barrault. 26 décembre 1830.

— XVI. L'Association Universelle. E. Barrault. 20 février 1831.

— XVII. Unité de la Religion et de la Politique. E. Barrault. 9 janvier 1831.

— XVIII. La Religion Saint-Simonienne. E. Barrault. 16 janvier 1831.

— XIX. La Consécration de la Matière. E. Barrault. 19 juin 1831.

— XX. Dieu. Abel Transon. 10 avril 1831.

— XXI. Unité de la Religion, de la Politique et de la Morale. E. Barrault. 27 février 1831.

— XXII. Morale du Monde. Abel Transon. 6 mars 1831.

— XXIII. Le Mariage. E. Barrault. 13 mars 1831.

— XXIV. Le Monde. E. Charton. 8 mai 1831.

— XXV. Dégoût du Présent. — Besoin d'Avenir. E. Charton. 29 mai 1831.

— XXVI. L'Art. E. Barrault 1" mai 1831.

— XXVII. SAINT-SIMON. Abel Transon. 22 mai 1831.

— XXVIII. L'Éducation. Abel Transon. 26 juin 1831.

— XXIX. Qui Nous Sommes. E. Barrault. 12 juin 1831.

— XXX. Les Anniversaires de Juillet. E. Barrault. 31 juillet 1831.

m.

—— Prédications. Tome Second. 1832. Un volume de 419 pages, tiré à 5,000. Il vient d'être mis en vente chez Johanneau, rue du Coq-St-Honoré, n. 8 bis.

1831.

— I. Le Passé s'écroule. — L'Avenir surgit. E. Barrault. Prédication du dimanche 14 août.

— II. Les Partis. E. Barrault. 28 août.

— III. L'œuvre Saint-Simonienne. Abel Transon, 4 septembre. — Pièce lue le même dimanche par Olinde Rodrigues.

— IV. Politique. — Morale. — Religion. Abel Transon. 11 septembre.

— V. Notre Politique est Religieuse. Laurent. 18 septembre.

— VI. Appel aux Hommes Religieux. REYNAUD. 25 septembre.

— VII. Dieu, toujours Dieu. REYNAUD. 2 octobre. — Allocution de Moïse RETOURET. Même dimanche.

— VIII. Parti Politique des Travailleurs. LAURENT. 9 octobre.

— IX. La voix de Dieu. Moïse RETOURET. 23 octobre. — L'hérédité. LAURENT. Même dimanche.

— X. La Philantropie. — La Religion. E. BARRAULT. 30 octobre.

— XI. La Famille Humaine. Moïse RETOURET. 6 novembre. — Allocution de LAURENT. Même dimanche.

— XII. 13 novembre. Ce dimanche et le suivant il n'y a pas eu de prédication.

— XIII. 27 novembre. Parole DU PÈRE. — Appel d'O. RODRIGUES. — Improvisation de BARRAULT. — Protestation de J. REYNAUD. — Parole de TALABOT. — Parole de BAUD.

— XIV. 4 décembre. Improvisation de BARRAULT. — Parole DU PÈRE. — Coup de sifflet d'un assistant. — Parole de BAUD.

— XV. L'Apostolat Saint-Simonien. ABEL TRANSON. 11 décembre.

— XVI. Les Hommes positifs. E. BARRAULT. 18 décembre.

— XVII. Le Prolétaire et la Femme. Moïse Retouret. 25 décembre.

1832.

— XVIII. Affranchissement des Femmes. Abel Transon. 1ᵉʳ janvier.
— XIX. Aux Railleurs. Moïse Retouret. 8 janvier.
— XX. L'Orient et l'Occident. E. Barrault. 15 janvier.
— XXI. 22 janvier. M. Desmortiers, avec ses gendarmes, ferme la Salle Taitbout.
— Otello. — Don Juan. Par E. Barrault. Deux articles extraits du Globe des 1ᵉʳ et 20 février 1832. Ils font suite à la prédication sur l'Orient et l'Occident.

Ces deux volumes de *Prédications* viennent se placer tout naturellement à la suite des *Extraits de l'Organisateur et du Globe*, car toutes ont été publiées dans l'un de ces deux journaux. Les volumes I et II renferment . . . 23 prédications d'Emile Barrault.
     10 ————— de P.-M. Laurent.
     9 ————— d'Abel Transon.
     4 ————— de Moïse Retouret.
     3 ————— de Jean Reynaud.
     2 ————— d'Édouard Charton.

En tout 51

La table se termine par ces mots :

« A la fin de ce *Second Volume* nous devions réun-

» primer l'écrit *aux Artistes* par E. BARRAULT, écrit
» publié en mars 1830 et qui est épuisé ; nous avons
» été obligés de nous arrêter ici *faute d'argent*. »

II.

—— LE PÈRE. J'ai réuni dans ce volume le petit nombre des écrits DU PÈRE qui ont été livrés à l'impression postérieurement à ses travaux du *Producteur*. Ils forment un volume de 432 pages.

— 1" *Économie politique et Politique* première édition. Juillet 1831. 176 pages.

PRÉFACE.

PREMIÈRE PARTIE.

ÉCONOMIE POLITIQUE.

Premier article. Impôts, emprunts, amortissement. 28 novembre 1830.

Deuxième article. Suite. 1" décembre 1830.

Troisième article. Fictions de l'amortissement. 12 décembre 1830.

Quatrième article. Accroissement de la Dette Publique, réduction de l'intérêt. 21 décembre 1830.

Cinquième article. Emprunt, impôt, amortissement, réduction. 27 décembre 1830.

Sixième article. Les OISIFS et les TRAVAILLEURS. — Fermages, loyers, intérêts, salaires. 7 mars 1831.

Septième article. Suite du précédent. — MESURES TRANSITOIRES. 14 mars 1831.

Huitième article. Abolition des SUCCESSIONS COLLATÉRALES. 28 mars 1831.

Neuvième article. Fonctions politiques selon les OISIFS et selon les TRAVAILLEURS. 21 mars 1831.

Dixième article. Institution des Banques. 4 avril 1831.

DEUXIÈME PARTIE.

POLITIQUE SAINT-SIMONIENNE.

Onzième article. Caractères différents de la Politique *Constitutionnelle* et de la Politique *Saint-Simonienne*. 11 avril 1831.

Douzième article. Organisation INDUSTRIELLE. Mairie, banque, budget, administration. 25 avril 1831.

Treizième article. Organisation SCIENTIFIQUE. Savants *perfectionnants*, Savants *enseignants*; UNIVERSITÉ.

Quatorzième article. Organisation SCIENTIFIQUE (suite). UNIVERSITÉ, *Académie, Collèges*. 1ᵉʳ juin 1831.

Quinzième article. Organisation RELIGIEUSE. Le PRÊTRE, l'*Homme* et la *Femme*.

— 2° *Lettres* à CHARLES DUVEYRIER, sur le Calme. Juin 1830. — A *François* et *Peiffer*, sur le

Dogme. Juillet 1831. — Réimpression de l'article du Prêtre, extrait du Globe du 18 juin 1831.

Ces divers morceaux forment 22 pages publiées en décembre 1831.

— 3° *Morale*. Avril 1832. 211 pages tirées à 3,000. C'est cet écrit qui a été condamné par la Cour d'Assises le 28 août 1832. Il renferme :

    I. *Réunion générale de la Famille*. Séances des 19 et 21 novembre 1832.

    II. *Premier enseignement* DU PÈRE. 28 novembre 1831. Transformation du Dogme. — Réhabilitation de la chair.

    III. *Deuxième enseignement*. 30 novembre 1831. L'Histoire.

    IV. *Troisième enseignement*. 2 décembre 1831. L'Autorité et la Liberté. — La Loi Vivante.

    V. *Quatrième enseignement*. 5 décembre 1831. Suite de la Loi Vivante.

    VI. *Cinquième enseignement*. 7 décembre 1831. Morale.

    VII *Les Trois Familles* par E. BARRAULT. Articles extraits du Globe des 7, 12 et 19 mars 1832.

— 4° *A Tous*. Avril 1832. 7 pages.

— 5° *Écrit du 3 juin 1832*. 6 pages.

— 6° Le PÈRE à FOURNEL apôtre. 4 pages.
— 7° L'*Attente*. Angers ; septembre 1832. 6 pages.

O.

—— NOUVEAU CHRISTIANISME. — LETTRES D'EUGÈNE RODRIGUES. — L'ÉDUCATION DU GENRE HUMAIN. SECONDE ÉDITION (1) de ces trois écrits publiée par nous en janvier 1832. Un volume de 348 pages imprimé chez Everat, et tiré à 4,000.

—— ÉCONOMIE POLITIQUE ET POLITIQUE. SECONDE ÉDITION publiée en mai 1832. Un volume de 184 pages tiré à 4,000.

Le volume o forme ainsi 532 pages.

P.

—— MISSIONS. — ÉGLISES DES PROVINCES. — PUBLICATIONS EN LANGUES ÉTRANGÈRES. — PETITS ÉCRITS PUBLIÉS AUTOUR DE NOUS. 38 PIÈCES DIVERSES formant un volume de 547 pages. Je ne nommerai que celles publiées par nous.

— 1° *Les cinq discours* d'ABEL TRANSON réimprimés à Bruxelles pendant la mission de 1831. 64 pages.
— 2° *De la suspension des conférences* publiques sur la Doctrine Saint-Simonienne. Versailles ; 1er mai 1831. 7 pages.

(1) Avec l'Édition de *l'Éducation du Genre Humain* donnée par EUGÈNE avant sa mort (voyez le volume a), on voit que ce morceau est en réalité imprimé ici pour la *troisième fois*.

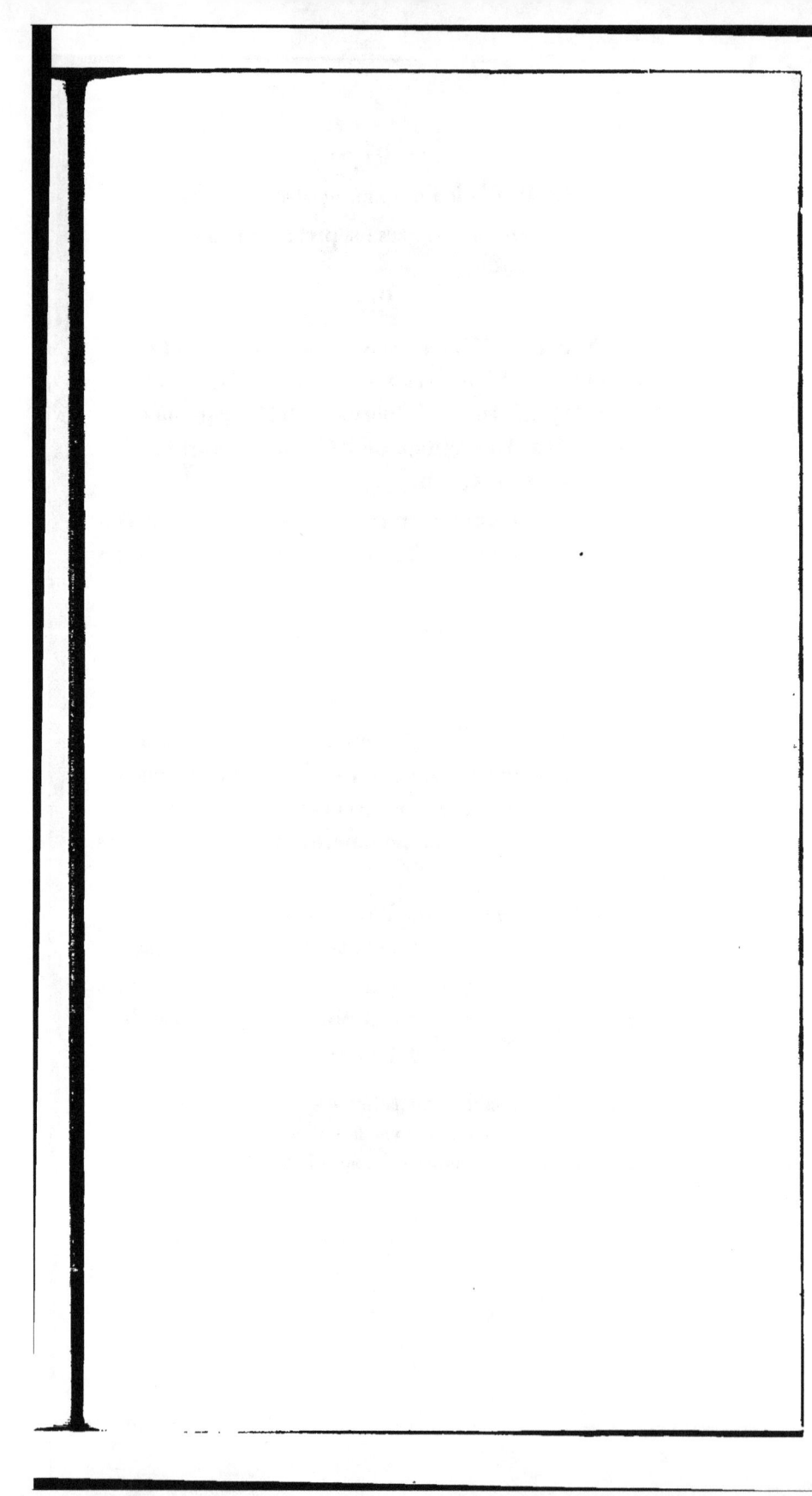

— 3° *Prédication* de Jean Reynaud à Lyon le 20 mai 1831. 23 pages. Cette pièce se trouve déjà dans le volume g.

— 4° *Aux Femmes*. Par *Palmire Bazard*. Morceau extrait de *l'Organisateur* par Jules Lechevalier en mission à *Rouen*. Mai 1831. 8 pages imprimées chez D. Brière, rue St-Lô n° 7 à Rouen.

Ce morceau se trouve déjà dans le volume g.

— 5° *L'Annonciation*. Par Jules Lechevalier. Mission de *Rouen*; mai 1831. 8 pages.

— 6° La même pièce réimprimée à *Dieppe*. Même mission. 8 pages.

— 7° La même pièce réimprimée à *Besançon*. Mission de Jules Lechevalier et Capella dans l'Est. juillet 1831. 8 pages.

— 8° La même pièce réimprimée à *Metz*. 8 pages.

— 9° La même pièce réimprimée à *Strasbourg*. 8 pages.

— 10° *Programme* de l'Enseignement qui devait être fait à Strasbourg et qui fut interrompu par le retour de Jules Lechevalier au moment de la scission du 11 novembre. Un tableau *grand-in-quarto*.

— 11° *Réponse à quelques objections* par Jules Lechevalier. Strasbourg. Octobre 1831. 16 pages. Cette pièce se trouve déjà dans le volume g.

— 12° *Avenir de la Femme*. Brochure rédigée par Charles Lemonnier. Toulouse. Juillet 1831. 18 pages.

— 13° *Quel but se proposent les Saint-Simoniens ?* Par Charles Lemonnier. Montpellier. 30 avril 1832. 4 pages.

— 14° La même pièce réimprimée à Castelnaudary. 4 pages.

— 15° *Morceau* écrit par Charles Lemonnier à bord du bateau du canal de Languedoc. le 5 mai 1832. Castres. 4 pages.

— 16° *Enseignement*, par Comm. Mulhausen. Mai 1832. 23 pages.

— 17° *Enseignement populaire*. Castelnaudary. Juin 1832. 16 pages.

— 18° *Aperçu* des vues Morales et Industrielles des Saint-Simoniens, par *Gustave Biard*. Blois. Juin 1832. 16 pages.

— 19° *Les Apôtres à Mesnilmontant*, par *Cognat*. Lyon. 9 juillet 1832. 4 pages.

— 20° *Nécessité d'un nouveau Parti Politique*, par *A. Freslon*. Angers. 30 juillet 1832. 4 pages.

— 21° *Les Saint-Simoniens des spoliateurs.!!!* Par *Durand*. Rodez, septembre 1832. 11 pages.

— 22° *L'Attente*. Angers. septembre 1832. 6 pages.

J'ai placé ici ce morceau DU PÈRE, morceau qui, du reste, n'était pas destiné à être publié *immédiatement*, et que nous avions adressé *lithographié* à nos amis. Un Saint-Simonien d'Angers (Hawke) a pris sur lui de le faire imprimer.

— 23° ÉMILE BARRAULT à M. *Naudin*. Troyes, 20 décembre 1832. 1 page.

J'ai joint à ce volume 15 *pièces diverses* qui n'ont pas été publiées par nous.

q, r, s, t, u, v.

Sous ces lettres j'ai placé 30 écrits *contre* la Doctrine formant ensemble six volumes.

W.

— CRISES SAINT-SIMONIENNES. 12 pièces diverses, formant un volume de 305 pages. 1831—1832.

Scission de BAZARD.
11 novembre 1831.

— 1° *Réunion générale de la Famille*. Séances des 19 et 21 novembre. Brochure de 64 pages publiée dans les premiers jours de décembre 1831. Cette pièce se trouve déjà dans le volume a.

Ici, pour classer chronologiquement les pièces relatives à cette scission, devraient se trouver quelques lettres échangées ; mais elles ont été publiées dans le format *in-quarto* et se trouvent dans le volume H.

— 2° *Quelques-unes des pièces in-quarto réimprimées dans le format in-octavo* par le chef de la correspondance. 4 pages.

— 3° *Cérémonie du 27 novembre*. Protestation de Jean Reynaud. 24 pages.

— 4° *Lettre aux Saint-Simoniens*, par Jules Lechevalier. 20 décembre 1831. 56 pages.

— 5° *Discussions morales, politiques et religieuses. Première Partie*; par Bazard. Brochure qui a paru le 20 janvier 1832. 30 pages.

Une *seconde partie* était annoncée. Elle n'a jamais paru, et Bazard, mort à Courtry le 29 juillet 1832, n'a laissé aucun manuscrit (1).

— 6° *Simple écrit* d'Abel Transon aux Saint-Simoniens. 1ᵉʳ février 1832. 8 pages.

— 7° *Lettre à Monsieur* ENFANTIN par *Toussaint* de Belgique, en date du 12 février 1832. 8 pages.

— 8° *De la Société Saint-Simonienne*, par Jean Reynaud. Extrait de la *Revue Encyclopédique*, numéro de janvier 1832 qui n'a paru qu'en mars. 32 pages.

— 9° *Mémoire d'un Prédicateur Saint-Simonien*, par Édouard Charton. Extrait de la *Revue Encyclopédique*, numéro de février 1832 qui n'a paru qu'en avril. 30 pages.

(1) Bazard était né le 19 septembre 1791.

Scission d'O. RODRIGUES.
15 février 1832.

— 10° OLINDE RODRIGUES aux Saint-Simoniens. 13 février 1832. 13 pages.

— 11° *Le Disciple* de SAINT-SIMON aux Saint-Simoniens et au Public. 28 pages.

— 12° OLINDE RODRIGUES à MICHEL CHEVALIER. *Lettres* en date des 12, 17 et 18 mars 1832. 8 pages imprimées chez Lachevardière.

X.

—— HENRI SAINT-SIMON. 1832. Publications d'O. RODRIGUES au moment de sa scission. Les deux *premières livraisons*, les seules qui aient paru, forment un volume de 566 pages.

— *Prospectus*. Une page *in-octavo*. RODRIGUES annonce les œuvres complètes de SAINT-SIMON, devant former dix ou douze volumes *in-octavo*.

— *Première livraison*. Elle renferme : une préface générale du *Disciple* de SAINT-SIMON. — Quatre fragments de la vie de SAINT-SIMON écrits par lui-même. — Les Lettres d'un habitant de Genève à ses Contemporains. 1802. — La Parabole Politique. 1819. — Le Nouveau Christianisme. 1825. Un volume de 201 pages, imprimé chez Everat.

— *Deuxième livraison*. Cette livraison renferme :

« les deux premiers cahiers du *Catéchisme des Industriels*. — Avis à Messieurs les chefs de Maisons Industrielles (1). — Union générale des capacités Industrielles et Scientifiques (2). — Le tome quatrième de l'*Industrie*, publié *in-octavo* par SAINT-SIMON en 1818. A la suite de la préface on trouve la *Lettre au Rédacteur du Journal Général de France* en date du 12 mai 1818.

Cette livraison forme un volume de 364 pages.

La *troisième livraison* annoncée, qui devait contenir le *Mémoire sur la Science de l'Homme et sur la Gravitation*, ouvrage inédit de SAINT-SIMON, n'a pas paru.

J'émets ici le vœu qu'une Édition *complète* des œuvres de SAINT-SIMON soit *recommencée* par RODRIGUES sur un plan régulier.

y.

—— MESNILMONTANT. — FEUILLES POPULAIRES. 16 pièces diverses formant un volume de 552 pages. 1832.

— 1° *A Tous*. C'est le signal du départ pour Mesnilmontant. Avril 1832. Cette pièce se trouve déjà dans les volumes k et n. 33 pages.

(1) Dans l'Édition originale cet avis se trouve placé à la page 134 du *Catéchisme des Industriels*. Deuxième cahier.

(2) Voyez page 137 du deuxième cahier du *Catéchisme des Industriels* dans l'Édition originale.

— 2° *La Prophétie*. Mesnilmontant 1er juin. 1832. Cette pièce se trouve déjà dans le volume k. 115 pages.

— 3° *Avis* en date du 1er juin 1832 qui ajourne au 6 juin la cérémonie de la *prise d'abit*. 1 page.

— 4° *Parole* DU PÈRE en date du 3 juin. — Chants. 12 pages tirées à 2,000.

— 5° *Prise d'Habit*. 6 juin. 18 pages tirées à 2,000.

— 6° *Les Saint-Simoniens!!!*. Par CHARLES LEMONNIER. 7 juin 1832. 6 pages.

— 7° *Ouverture des travaux du Temple*. 1er juillet 1832. 27 pages tirées à 2,000.

— 8° *Chant* gravé dans le format *in-octavo* par un ouvrier Saint-Simonien. Ce Chant est l'*Appel*. 2 pages.

— 9° *Mort de* TALABOT le 17 juillet 1832 à 3 h. 1/2 du matin. Récit de ce qui se passa ce jour et les jours suivans. 24 pages tirées à 2,000.

— 10° LE PÈRE à FOURNEL Apôtre. Et la réponse. 18 juillet 1832. 4 pages tirées à 6,000.

— 11° *L'Attente*. Angers, septembre 1832. 6 pages. Cette pièce se trouve déjà dans les volumes n et p. Voyez pages 94, 96 et 97 de cette brochure.

— 12° *Procès en Police Correctionnelle*.

    19 octobre 1832. Parole de H. FOURNEL pour LE PÈRE. 10 pages (1).

— 13° *A Lyon*.

    23 novembre 1832. Parole de MICHEL. 8 pages.

— 14° *A Paris*.

    15 décembre 1832. Parole de BARRAULT. 7 pages.

— 15° *Sept Chants* ou Chansons Saint-Simoniennes destinées à être distribuées sur la route par les Missionnaires de Lyon. Décembre 1832. 15 pages.

— 16° *Feuilles Populaires*. De mars à juin 1832. 264 pages tirées à 2,500 (2).

Je les ai jointes à ce volume parce que presque toutes ces publications ont eu lieu pendant la *Retraite de Mesnilmontant*.

---

(1) Ces Dix pages sont extraites du *Procès* que nous allons voir figurer sous la lettre Z; elles ont été tirées à part, à 100 exemplaires seulement. De l'imprimerie de Carpentier-Méricourt, rue Traînée-St-Eustache, n. 15.

(2) Toutes les semaines il y avait une feuille d'impression tirée en *belles pages* de sorte qu'on obtenait par feuille 8 exemplaires ou au moins 4 (quand chaque article occupait deux feuilles). Le tirage fut d'abord de 1500; à 6 articles par feuille c'était 9,000 publications, car elles étaient coupées de manière à pouvoir donner chaque article séparément. Bientôt le tirage fut porté à 2,000 ce

I. Napoléon ou l'Homme Peuple.

II. Qu'est-ce qu'un Prêtre Saint-Simonien?

III. La Dévote et la Grande Dame.

IV. Sujet de Méditation pour les Peuples et pour les Rois. Michel Chevalier. (*Globe* du 10 décembre 1831).

V. L'Armée Guerrière et l'Armée Pacifique.

VI. Morale du jour. Extrait d'une Prédication d'Abel Transon. (*Globe* du 2 janvier 1832).

VII. Immense utilité des Chemins de Fer pour améliorer le sort des Nations.

VIII. Les Lanciers du Préfet de Police. (*Machereau*).

IX. Le Carrier et le Maçon. *Botiau.*

X. Discours prononcé par M. *Thouvenel* à la Chambre des Députés sur les poursuites exercées contre les Saint-Simoniens; Extrait du *Globe* du 10 février 1832.

XI. Napoléon. *Charles Béranger.*

qui donnait 12,000 feuilles à distribuer, et enfin à 2,500 ce qui faisait 15,000 articles répandus chaque dimanche.

Des centres étaient organisés sur divers points de Paris, dans les quartiers les plus populeux, et les hommes de ces centres portaient chaque exemplaire à domicile dans les boutiques, chez les marchands de vin, etc., etc. Ou les distribuaient dans les théâtres, dans les jardins publics, etc. Le faubourg St-Antoine est le point où ces écrits ont été répandus en plus grand nombre.

XII. Qu'est-ce qu'un Travailleur ? *Machereau.*

XIII. Le Saint-Simonien et les Coups de Poing. *Machereau.*

XIV. Napoléon. Réimpression de l'article n° **XI**.

XV. Capitaux nécessaires. — Nouvel emploi de l'Amortissement. MICHEL CHEVALIER. (*Globe* du 30 mars 1832.)

XVI. Parabole de SAINT-SIMON. 1819.

XVII. Opinion du *Morning-Chronicle* sur la Religion Saint-Simonienne. (*Globe* du 13 février 1832).

XVIII. L'École Polytechnique et les Saint-Simoniens. Lettres de HOART, *West*, BRUNEAU. (*Globe* des 27 février et 4 mars 1832).

XIX. Anglais et Français.

XX. La Guerre et l'Industrie. — Grands Travaux à établir. MICHEL CHEVALIER. (*Globe* du 8 mars 1832.)

XXI. Les Saint-Simoniens. — Ce qu'ils ont fait. — Ce qu'ils veulent. *Charles Béranger.*

XXII. L'Ouvrier. — Le Propriétaire. — Le Saint-Simonien. *Charles Béranger.*

XXIII. Comment il serait possible d'améliorer prodigieusement le sort des Nations.

Michel Chevalier. (*Globe* du 12 février 1832).

XXIV. Un bon Gouvernement. *Charles Béranger.*

XXV. Moyen de donner du travail aux Ouvriers et la Paix à tout le Monde. — Le Chemin de Fer du Hâvre à Marseille. Charles Duveyrier. (*Globe* du 21 février 1832).

XXVI. Comment le Peuple peut s'élever. *Camayou.*

XXNII. Du Bon et du Mauvais Prêtre Catholique. — Du Prêtre Saint-Simonien. *Machereau.*

XXVIII. L'Hôtel-Dieu. *Emile Haspott.*

XXIX. Les Prêteurs à la Petite Semaine. — Les Banquiers. — Les Banques Saint-Simoniennes. *Charles Béranger.*

XXX. Du Saint-Simonisme. (Extrait de la *Gazette d'Augsbourg*). Voir le *Globe* du 13 mars 1832).

XXXI. Nécessité des Formules Politiques. — Les Nôtres. Michel Chevalier. (*Globe* du 21 mars 1832).

XXXII. Nos Chances. — Les Trois Ducs. Michel Chevalier (*Globe* du 21 mars 1832).

XXXIII. Le Choléra-Morbus. Michel Chevalier. (*Globe* du 9 avril 1832).

XXXIV. Mesures prises contre le Choléra-

Morbus. — Mesures à prendre pour assurer l'existence des Travailleurs. *Charles Béranger.*

XXXV. De l'Émancipation Successive des Peuples. *A. Surbled.*

XXXVI. La Femme du Peuple. *Delagoutte.*

XXXVII. Les Chiffonniers. *Charles Béranger.*

XXXVIII. Le Choléra. — Assainissement de Paris. Stéphane Flachat. (*Globe* du 2 avril 1832).

XXXIX. Le Choléra à Paris. Stéphane Flachat.

XL. Le Choléra. — Napoléon. — L'Ordre légal. *Charles Béranger.*

XLI. Au Roi. Henri Fournel. (*Globe* du 13 avril 1832).

XLII. Les Empoisonnements. — La Violence. *Charles Béranger.*

XLIII. Fin du Choléra par un Coup d'État. Michel Chevalier. (*Globe* du 11 avril 1832).

XLIV. Travaux Publics. — Fêtes. Charles Duveyrier. (*Globe* du 11 avril 1832).

XLV. Les Maîtrises. — Organisation d'une armée pacifique. *Charles Béranger.*

XLVI. Les Cochers. — La Concurrence. —

Histoire d'un Travailleur. *Charles Béranger.*

XLVII. Les Manœuvres à Maçons et les Pompiers. *Charles Béranger.*

XLVIII. La Concurrence. — Les Machines et les Ouvriers. — Les Associations. Alexis Petit.

XLIX. Le Temps Perdu. *Charles Béranger.*

L. Au Roi. Réimpression de l'article XLI.

LI. Projet de Charte.

LII. La Propreté. *Charles Béranger.*

LIII. Notes et Lettres relatives aux secours que nous avons offerts pendant que le Choléra régnait avec le plus d'intensité, extraites du *Globe* du 9 au 14 avril 1832.

LIV. La Guerre détruit tout Commerce et toute Industrie. *Charles Béranger.*

LV L'Instruction du Peuple. — La Presse. *Charles Béranger.*

LVI. Les Bonnes Intentions ne suffisent pas pour gouverner. *Charles Béranger.* (*Globe* du 17 avril 1832).

LVII. Ce que faisait Napoléon pour exciter l'Enthousiasme du Peuple. *Machereau.*

LVIII. Les Orphelins. *Emile Haspott.*

LIX. Le Tailleur et le Fermier. *Machereau.*

LX. L'Armée. — La Concurrence. *Charles Béranger.*

LXI. Ce Qu'il faut pour être Roi. — La Légalité. *Charles Béranger.*

LXII. Projet de Charte. Réimpression de l'article LI.

LXIII. Organisation Industrielle de l'Armée. MICHEL CHEVALIER. (*Globe* du 8 mars 1832).

LXIV. L'Égalité devant la Loi. *Charles Béranger.*

LXV. Le Peuple Français. *Charles Béranger.*

LXVI. La Concurrence. *Charles Béranger.*

LXVII. La Marseillaise. MICHEL CHEVALIER. (*Organisateur* du 11 septembre 1830; *Globe* du 28 juillet 1832).

LXVIII. La Prostituée. L. V. H.

LXIX. Le Roi présidant le Conseil des Ministres. *Charles Béranger.*

LXX. Le But d'un Gouvernement. *Charles Béranger.*

LXXI. Progrès des Communications entre les Peuples. *A. Surbled.*

LXXII. Organisation Industrielle. LE PÈRE. (*Globe* du 25 avril 1831).

LXXIII. Les Médecins. *Emile Haspott.*

LXXIV. La Vendée. — La Presse. CHARLES LEMONNIER.

LXXV. Le Jardin des Tuileries. CHARLES LEMONNIER.

LXXVI. La Révolution. — La Réforme. — Le Peuple Français. *Charles Béranger.*

LXXVII. La Tribune. — Ode à Louvel. CHARLES LEMONNIER.

LXXVIII. Le Bourgeois. — Le Révélateur. MICHEL CHEVALIER. (*Globe* du 28 mars 1832).

LXXIX. La Mairie. — Le Mariage. *Charles Béranger.*

LXXX. L'Émeute. 7 juin 1832. *Charles Béranger.*

LXXXI. Avenir des Partis. CHARLES LEMONNIER.

LXXXII. Évènements d'hier. — Ordonnance de M. de Montalivet. 7 juin 1832. CHARLES LEMONNIER.

LXXXIII. Des Républicains et du Juste-Milieu. *A. Surbled.*

LXXXIV. Parallèle. *Charles Béranger.*

LXXXV. L'Émeute. — Le Travail. 9 juin 1832. *Charles Béranger.*

LXXXVI. De l'Élection. *A. Surbled.*

LXXXVII. La Voix de Dieu. 21 juin 1832 *Charles Béranger* (1).

(1) C'est par erreur que cette pièce porte la date du 21 *juillet.*

LXXXVIII. Quel but se proposent les Saint-Simoniens. Charles Lemonnier.

Toutes ces *petites feuilles* (comme nous les appellions) ont été distribuées au fur et à mesure de leur publication. Il ne nous en est resté qu'un nombre suffisant pour former environ 80 *recueils* de ces feuilles. Aussi la collection complète en est-elle devenue fort rare.

Z.

—— Les Deux Procès. Ils forment ensemble un volume de 512 pages. Paris 1832.

— *Procès en Cour d'Assises.* 27 et 28 août 1832. Avec les portraits du PÈRE, de Michel Chevalier, d'Emile Barrault, et de Charles Duveyrier. Un volume de 405 pages imprimé chez Carpentier-Méricourt, rue Traînée-St-Eustache, n. 15, et tiré à 1000. Ce volume a paru le 19 octobre 1832.

Se vend chez Johanneau, libraire-éditeur, rue du Coq-St-Honoré, n. 8 bis.

— *Procès en Police Correctionnelle.* 19 octobre 1832. Avec les portraits DU PÈRE et de Henri Fournel. Un volume de 107 pages imprimé chez Carpentier-Méricourt, rue Traînée-St-Eustache, n. 15, et tiré à 1500. Ce volume a paru en novembre 1832.

Se vend chez Johanneau, libraire-éditeur, rue du Coq-St-Honoré, n. 8 bis.

Ici commence avec 1833 une nouvelle série a,, b,, etc.—... z,. Dans le volume a,, qui forme la transition de 1832 à 1833, j'ai classé les écrits de quelques femmes, écrits dont une partie date de 1832, et auxquels nous sommes étrangers.

PUBLICATIONS DANS LES FORMATS
in-quarto et *in-folio.*

A.

—— L'ORGANISATEUR. *Première année.* 1829—1830. L'ORGANISATEUR fut fondé par P.-M. LAURENT, l'un des principaux collaborateurs du PRODUCTEUR.

En juillet 1829 un PROSPECTUS d'une page *grand in-quarto* fut répandu pour annoncer le nouveau journal sous le titre suivant :

L'ORGANISATEUR, *journal des Progrès de la Science Générale, avec un appendice sur les méthodes et les découvertes relatives à l'enseignement.*

Il devait paraître tous les samedis, et son prix était fixé à 25 francs par année. Le Bureau du journal était rue Saint-Maur-Saint-Germain, n. 17; il fut transporté rue Monsigny, n. 6, le 25 mars 1830.

Le premier numéro a paru le 15 août 1829 et dès le numéro 5, celui du 12 septembre, il prit ce simple titre : l'ORGANISATEUR, titre qu'il conserva en tête des 31 numéros suivans qui, ainsi que les 4 premiers, ont été imprimés chez Pillet, imprimeur du Roi, rue des Grands-Augustins, n. 7.

Le 18 avril 1830 (n° 36) ce journal s'imprima chez *Éverat* (1), rue du Cadran, n. 16, et il prit un titre plus net :

L'Organisateur, *journal de la Doctrine de* SAINT-SIMON. 51 numéros de quatre pages chacun forment la *Première année*. Entre les numéros 50 et 51, on a placé, dans les exemplaires complets, l'Affiche qui fut placardée sur les murs de Paris le 30 juillet 1830 et en tête de laquelle on lit en gros caractères : l'Organisateur. Ce volume est *très-rare*, nous n'en possédons que deux exemplaires complets.

B.

— L'Organisateur. *Deuxième année.* 1830 — 1831.

Dès le premier numéro de la seconde année, numéro qui est du samedi 28 août 1830, l'*Organisateur* doubla son nombre de feuilles sans changer son prix. Son titre resta le même sous cette forme :

L'Organisateur, *journal de la Doctrine Saint-Simonienne*. Mais au-dessous du titre on lut ces épigraphes :

« *Toutes les Institutions sociales doivent avoir
» pour but l'amélioration du sort moral, physi-*

---

(1) Telle fut notre première relation avec un homme qui devait bientôt imprimer nos nombreuses publications avec un zèle et un dévouement qui lui donnent un titre ineffaçable à notre affection.

» que et intellectuel de la classe la plus nombreuse
» et la plus pauvre. »

« *Tous les privilèges de la naissance, sans*
» *exception, seront abolis.* » « *A chacun selon*
» *sa capacité, à chaque capacité selon ses*
» *œuvres.* »

Ce n'est que le 26 mars 1831 (n° 32) qu'il prit pour titre :

L'Organisateur, *Gazette des Saint-Simoniens*.

Titre qu'il conserva jusqu'à la fin.

Cette *seconde année* forme un volume *grand in-quarto* de 408 pages.

Avec le numéro 52 il a cessé de paraître. La collection bien complète est *assez rare*.

C.

—— L'Organisateur Belge. 1831.

Ce journal a été fondé à Bruxelles par Devevrier pendant sa mission de Belgique. Il prit pour titre : l'Organisateur Belge, *journal de la Doctrine de* SAINT-SIMON. Le premier numéro est du dimanche 29 mai 1831. Il n'a eu d'existence que jusqu'au 27 novembre suivant, jour où il a cessé de paraître avec le numéro 24. Il s'imprimait chez Laurent frères, place de Louvain, n. 7.

L'Organisateur Belge forme un volume *grand-in-quarto* de 192 pages.

D.

—— LE GLOBE. 1830. *in-folio.*

On sait que LE GLOBE *journal Littéraire* (1) s'était transformé le 15 février 1830 en un journal quotidien sous ce titre :

LE GLOBE,
journal Politique, Philosophique et Littéraire.

A peine la fumée des trois jours de juillet était-elle dissipée, que le Globe se ressentit de l'influence Saint-Simonienne ; bientôt figurèrent dans ses colonnes, des articles où *Lerminier* racontait avec talent la gloire de SAINT-SIMON (2) ; le 8 novembre un article de LAURENT sur la *Philosophie de l'Histoire* montra l'influence du *voisinage* de l'ORGANISATEUR. Il était facile de prévoir ce qui allait arriver. Le 11 *novembre* un article qui commence par ces mots : « *où marchons nous ?* » vint rendre nette une position qui était vague ; c'est de ce jour qu'il faut dater le GLOBE SAINT-SIMO-

---

(1) Le premier numéro du *Globe Littéraire* date du 15 septembre 1824. Ce journal paraissait les mardi, jeudi, samedi de chaque semaine. A partir du 22 janvier 1828 il parut en *deux feuilles doubles* les mercredi et samedi ; du reste sa forme resta la même jusqu'au 15 février 1830, c'est-à-dire pendant cinq ans et cinq mois. Il s'imprimait chez Lachevardière fils, rue du Colombier, n. 30 ; les Bureaux, après avoir été rue Saint-Benoît n. 10, avaient été transférés le 1ᵉʳ janvier 1828 à l'hôtel de Gèvres, rue *Neuve-l'entendour* appelée depuis rue *Monsigny*.

(2) Numéro du 26 octobre.

nien; c'est de ce jour que Michel Chevalier prit la direction de ce journal. Du reste il conserva absolument le même titre et la même forme jusqu'au 26 décembre.

J'ai réuni sous la lettre D depuis le 15 février jusqu'au 26 décembre inclusivement. Nous ne possédons qu'un exemplaire complet de l'année 1830; cette collection est *très-rare*.

E.

—— Le Globe. *Premier semestre* 1831.

Le 27 décembre 1830 le format fut augmenté, et le journal parut sous ce simple titre : Le Globe, jusqu'au 18 janvier 1831, jour où il contint la profession de foi du gérant responsable et où il prit le titre suivant :

Le Globe,
journal de la Doctrine de SAINT-SIMON.

Au dessous étaient reproduites les épigraphes de *l'Organisateur*.

Entre les épigraphes il restait un vide qui le 26 février fut rempli par ces mots :

Religion.

Science. *Industrie.*

Au dessous desquels on ajouta encore le 9 juin.

Association Universelle.

F.

—— LE GLOBE. *Deuxième semestre* 1831.

Enfin le 22 août notre journal prit son véritable titre :

LE GLOBE,
journal de la RELIGION SAINT-SIMONIENNE.

Les épigraphes restèrent les mêmes.

Au moment où nous avions pris *le Globe*, il s'imprimait depuis le 1ᵉʳ janvier 1827 chez Guiraudet rue St-Honoré, n. 315. Le même imprimeur a continué jusqu'au 27 décembre 1831 jour où Everat se chargea de cette impression (1).

G.

—— LE GLOBE. 1832.

Une scission avait éclaté dans notre sein le 11 novembre 1831 ; depuis ce jour le Globe avait reçu une

---

(1) En novembre 1830 le Globe avait un peu plus de 1300 abonnés ; on sait qu'il faut environ 2,500 abonnés à un journal quotidien pour qu'il fasse ses frais. Un assez grand nombre quittait, d'autres arrivaient, mais il n'y avait pas balance, de telle sorte qu'au renouvellement du 15 janvier 1831 nous nous trouvâmes avec 1150 abonnés environ. Dès que le titre Saint-Simonien eut été adopté la décroissance fut très-rapide, au 31 août il ne restait guères que 500 abonnés ce qui ne nous empêchait pas de tirer à 2,500 dont moitié environ se distribuait à Paris.

C'est à cette époque (le 4 septembre) que nous primes la résolution de *donner* complètement notre journal dont nous augmentâmes progressivement le tirage de telle sorte qu'en janvier 1832 il se tirait à 4,200.

direction nouvelle. Son titre en porta les marques quand s'ouvrit l'année 1832; le 1ᵉʳ janvier il fut ainsi disposé :

LE GLOBE,
JOURNAL
DE LA RELIGION SAINT-SIMONIENNE.

A CHACUN SELON SA VOCATION.	*Toutes les institutions sociales doivent avoir pour but l'amélioration du sort moral, physique et intellectuel de la classe la plus nombreuse et la plus pauvre.*	A CHACUN SELON SES ŒUVRES.
APPEL AUX FEMMES.		ORGANISATION PACIFIQUE DES TRAVAILLEURS.

ASSOCIATION UNIVERSELLE.

Il conserva cette bannière jusqu'au 20 avril 1832 jour avec lequel il a cessé de paraître.

Ainsi le GLOBE SAINT-SIMONIEN a eu 17 mois et 9 jours d'existence. Du 11 novembre 1830 au 20 avril 1832.

H.

—— Pièces Diverses.

Dans ce volume j'ai réuni une foule de pièces *imprimées*, *lithographiées*, quelques unes même *manus-*

crites. Elles appartiennent à des dates très-diverses, je vais faire l'énumération de celles qu'il est le plus intéressant de connaître.

— 1° Deux lettres *lithographiées* (n° 2 et n° 3) (1), adressées par SAINT-SIMON aux Industriels en 1820.

— 2° Lettre *manuscrite* adressée à M. *Ardoin* par quelques Industriels, sous la date de février 1825. Elle commence par ces mots :

« Depuis long-temps nous suivons avec attention les travaux entrepris par M. SAINT-SIMON, dans l'intérêt le plus général de l'industrie, etc. »

Le but de la lettre est de demander collectivement à M. Ardoin de s'associer à eux pour accélérer la propagation des idées de SAINT-SIMON.

— 3° Circulaire *in-quarto* annonçant la suspension du *Producteur*. 12 décembre 1826.

— 4° Indication des *Prédications, enseignements, publications* qui existaient au commencement de 1831.

— 5° Onze Circulaires du Globe. 1831—1832.

— 6° Caisse Saint-Simonienne. Huit pièces *in-quarto*. 1831. Ce sont les suivantes :

(1) Voyez pages 22 et 23 de cette brochure ainsi que la note 2 de la page 61.

I. Circulaire du 22 novembre, signée Michel Chevalier.

II. Réponse de Bazard, en date du 23 novembre.

III. Déclaration de Jules Lechevalier en date du 28 novembre.

IV. Lettre du PÈRE à Charles Lemonnier, en date du 8 décembre. *Lithographiée.*

V. Protestation des Membres de l'Église de Toulouse, en date du 9 décembre.

VI. Lettre de Michel Chevalier aux Chefs des Églises Saint-Simoniennes des départemens, en date du 20 décembre. *Lithographiée.*

VII. Lettre du PÈRE à *Ribes* aîné, de Montpellier, en date du 23 décembre. *Lithographiée.*

VIII. Lettre de *Baud* à *Fraisse* de Montpellier, en date du 23 décembre. *Lithographiée.*

— 7° Lettre en date du 28 décembre 1831 où sont annoncés les emprunts qui vont être faits. *Lithographiée.*

— 8° Seconde lettre relative aux emprunts, en date du 16 janvier 1832. *Lithographiée.*

— 9° Lettre de Michel Chevalier aux Chefs des Églises, en date du 30 janvier 1832. *Lithographiée.*

— 10° Lettre aux Chefs des Églises des départemens, en date du 27 février 1832. *Lithographiée.*

— 11° Lettre d'ALEXIS PETIT à M. *Louvot Demartinécourt.* 5 avril 1832. — Lettre de *Joncières* à *Canet.* 2 avril 1832. *Lithographiées.*

— 12° Lettre de MICHEL CHEVALIER aux Chefs des Églises des départemens, en date du 5 avril 1832. — Lettre du PÈRE à EDMOND TALABOT en mission à Brest. 4 avril 1832. — Lettre de TALABOT au PÈRE. 1" avril 1832. — Lettre de ROUSSEAU au PÈRE. 31 mars 1832. — Lettre de *Pellarin* au PÈRE. 31 mars 1832. — Lettre de MICHEL CHEVALIER à *Carlier* de Dunkerque, en date du 22 mars 1832.

Ces six lettres *lithographiées.*

— 13° MISSIONS ET PUBLICATIONS DES DÉPARTEMENS.

I. A mes concitoyens, par *Curie.* Mulhausen le 25 août 1831. *Lithographiée.*

II. Réfutation de la *réponse de M. le pasteur Graf* à ma lettre à mes concitoyens, par *Curie.* 28 octobre 1831. De l'imprimerie de J. Risler et compagnie, à Mulhausen.

III. Aux Lyonnais. Par RIBES et MASSOL. février 1832. 4 pages in-quarto, de l'imprimerie de Charvin, à Lyon. Cette proclamation a été reproduite dans le Globe du 17 février 1832.

— 14° Aux Lecteurs du Globe. Par CHARLES LEMONNIER. Paris 26 mai 1832. 3 pages *in-quarto* tirées à 2,000 exemplaires.

— 15° Avis. Par *Caboche*. Mai 1832.

— 16° Les Saint-Simoniens.!!! Par CHARLES LEMONNIER. 7 juin 1832.

— 17° Lettres de CH. LEMONNIER. — Lettre de *Reverchon*, en date des 21, 25 et 28 juin 1832.

— 18° Les deux premières feuilles du LIVRE NOUVEAU dont l'impression a été suspendue *faute d'argent*. Août 1832.

— 19° Lettre de CH. LEMONNIER aux Chefs des Églises des départemens, en date du 4 septembre 1832. *Lithographiée.*

— 20° L'Attente. *Lithographiée.*

— 21° Procès des Saint-Simoniens. 1 page *in-quarto*. De l'imprimerie de Petit, passage du Caire, n. 89. Le gouvernement s'est hâté de faire crier dans les rues la condamnation en Cour d'Assises.

Cette pièce n'est pas timbrée.

— 22° Acquittement du PÈRE ENFANTIN. C'est la pièce que nous avons fait crier dans les rues après l'acquittement en Police Correctionnelle. 20 octobre 1832.

Non seulement le gouvernement a gardé le silence, mais *il nous a assujétis au timbre.*

— 23° Lettre de MICHEL CHEVALIER en date du 11

octobre 1832 à l'occasion du départ pour Lyon de Hoart et Bruneau. *Lithographiée.*

— 24° Lettre de Michel Chevalier en date du 7 novembre 1832, à l'occasion du départ pour Lyon de Roger et Massol. *Lithographiée.*

— 25° Lettre du PÈRE à la Reine des Français, 9 novembre 1832.

— 26° Invitation pour le jour des Morts, en date du 12 décembre 1832.

— 27° Chansons Saint-Simoniennes.

    I. La Loi de Dieu. 1831. Par *Lagache.*

    II. Adieux au PÈRE. Le Temple de Dieu.

    III. Nouvelle Profession de Foi d'un Libéral. *Vinçard.*

    IV. Chant Saint-Simonien. « Soldats, Ouvriers, etc. »

    V. Le Peuple. Par Achille Rousseau.

    VI. Le Rêve de Morat. Par *Morat.* 14 décembre 1832.

    VII. A la Femme. Par *Mercier.* 14 décembre 1832.

    VIII. Le PÈRE. Par *Mercier.*

    IX. L'homme Nouveau. Par *Morat.*

    X. La Sainte-Canaille. Par *Mercier.*

    XI. L'avenir est à Nous. Par *Vinçard.* Chantée pour la première fois le 14 décembre 1832, à la rue Monsigny.

J.

— — Musique.

    I. *Chant des Industriels*. Paroles et musique de Rouget-de-Lisle. 1821 (1).

    Musique de Félicien David.

    II. *Appel*. Paroles de *Bergier*, ouvrier carreleur. Mesnilmontant, mai 1832.

    III. *Le retour du* PÈRE. Paroles de Rousseau. 6 juin.

    IV. *Tout est Mort*.

    V. *Prière du matin*.

    VI. *Prière du soir*.

    VII. *Au Peuple*.

    VIII. *La Danse des Astres*.

    IX. *Ronde*. Mesnilmontant 1832.

    X. *La Prison du Père*. Paroles d'Émile Barrault. Lyon 1833.

K.

Sous cette lettre et les suivantes se trouveront classées les pièces *in-quarto* de l'année 1833.

Ainsi 25 volumes *in-octavo* et 9 volumes *in-quarto* et *in-folio* forment au 31 décembre 1832 la collection que j'ai décrite dans cette *seconde partie*. Il ne me reste plus qu'à énumérer quelques publications détachées.

(1) Voyez pages 28 et 29 de cette brochure.

—— Tableau Synoptique *de la Religion Saint-Simonienne*. Une feuille grand aigle. 8 mars 1831. Voir le Globe de ce jour qui l'annonce pour la première fois. Tiré à 3,000.

—— Tableau du degré des Industriels, où l'on trouve la distribution de Paris en quatre sections. Janvier 1832.

—— Gravures et Lithographies.

— I. SAINT-SIMON. D'après un pastel fait en 1796, par *Labille* (polonais). Lithographié chez Engelmann.

— II. SAINT-SIMON, fondateur de la religion nouvelle; d'après nature en 1825. Se vend au profit d'une famille infortunée chez madame Dola, rue Neuve-des-Petits-Champs, n. 41. Lithographie de Engelmann. Janvier 1832.

— III. ENFANTIN, chef suprême de la religion Saint-Simonienne. Par H. *Grevedon*. Mars 1832. Lithographie de Lemercier, rue du Four-Saint-Germain, n. 56.

— IV. ENFANTIN. Le même que le précédent dans le format *in-octavo*. Par *Durier* d'après *Grevedon*. Lithographie de Lemercier.

— V. LE PÈRE. Dessiné par *Cals* d'après *Léon Cogniet*, et lithographié chez Benard, pour le *Procès en Cour d'Assises*. Chez Johanneau libraire, rue du Coq St-Honoré, n. 8.

— VI. Le même sur papier de Chine, tiré à 25 exemplaires.

— VII. Groupe de BARRAULT, MICHEL, DUVEYRIER, lithographié par *Cals* d'après *Léon Cognet*, pour le volume du *Procès en Cour d'Assises*. Imprimerie lithographique de Benard, rue de l'Abbaye, n. 4. Se vend chez Johanneau.

— VIII. Le même sur papier de Chine tiré à 25 exemplaires.

— IX. Le PÈRE ENFANTIN d'après le médaillon de *Caunois*. Lithographié par *Cals* sous la direction de l'auteur, pour le volume du *Procès en Police Correctionnelle*. Imprimerie-lithographique de Benard. Se vend chez Johanneau.

— X. Le même sur papier de Chine, tiré à 25 exemplaires.

— XI. Le même. Exemplaire unique avant la lettre.

— XII. HENRI FOURNEL. Lithographié par *Cals* d'après *Decaisne*, pour le volume du *Procès en Police Correctionnelle*. Imprimerie-lithographique de Benard. Se vend chez Johanneau.

— XIII. Le même sur papier de Chine, tiré à 25 exemplaires.

— XIV. Le même. Exemplaire unique avant la lettre.

Je ne mentionnerai pas les nombreuses gravures publiées en dehors de nous et qui représentent, avec des intentions diverses, nos personnes et nos actes.

—— MANUSCRITS. Pendant la retraite de Mesnilmontant un grand nombre de matériaux ont été rassemblés. Ils forment plusieurs gros volumes *in-folio* contenant divers travaux du PÈRE, sa correspondance, une foule de lettres des principaux Membres de la Famille, etc. Les marges de ces manuscrits sont chargées de notes qu'il sera indispensable d'avoir sous les yeux pour écrire l'histoire de la Doctrine, *quand le temps de cette* HISTOIRE *sera venu.*

J'ai déjà dit que la *Bibliographie* que je publie fournirait *une partie* des élémens de notre histoire *intellectuelle*. *L'autre partie* se composera des discussions dans lesquelles les idées ont été élaborées.

Le SAINT-SIMONISME aura aussi le récit de ses *actes*, le tableau de son développement *matériel*, des difficultés sans nombre qu'il a vaincues financièrement.

Il aura enfin sa BIOGRAPHIE.

C'est à cette triple condition que l'histoire du SAINT-SIMONISME sera *complète*.

Aujourd'hui notre jeune vigueur nous commande d'autres travaux, mais je me complais dans la pensée que ces récits occuperont nos vieux jours. Lorsque le monde plus éclairé, stupéfait de sa résistance, saura *qui nous sommes*, et aura appris un peu la *méfiance*

de lui même, lui qui pratique si largement la *méfiance du Pouvoir* : lorsque le peuple, le peuple qui aujourd'hui nous outrage en aveugle, aura reconnu la main amie qui, à travers tant d'obstacles, prépare pour lui des jours meilleurs ; lorsque l'humanité sera entrée dans le courant qui doit l'emporter vers cet avenir que l'on nous *reproche de rêver* pour elle ; alors nous porterons avec complaisance nos regards vers ce passé si dur pour des cœurs comme les nôtres. Nous retracerons naïvement notre vie aventureuse, nous dirons quelles furent les joies et les douleurs de notre apostolat, douleurs qui n'auront plus rien d'amer puisqu'elles auront payé la rançon de bien des esclaves que nous verrons libres, douleurs qui seront devenues légères à la vue du bonheur des autres. Ainsi couleront nos vieux jours jusqu'à l'heure dernière qui sonnera successivement pour chacun de nous, et dont la voix n'aura rien de lugubre ; elle sera couverte par la *bénédiction du Peuple*.

———

Ici se termine la tâche que je me suis imposée, tâche qui était délicate dans quelques-unes de ses parties. J'ai pleinement conscience d'avoir été vrai, de n'avoir pas énoncé un seul fait douteux pour moi.

L'entrée DU PÈRE à Ste-Pélagie a été pour tous ses fils un signal de *Liberté absolue* ; le premier usage que j'ai fait de la mienne a été de rédiger cet écrit. S'il devait être l'objet de quelques reproches, c'est sur moi seul qu'ils devraient porter.

———

Ainsi que l'annonce le titre de cette brochure, je me suis arrêté au 31 décembre 1832. Je vais donner une *table* qui forme comme le *Résumé* de toute la SECONDE PARTIE.

———

ERRATUM.

Page 11.   Né le 17 octobre 1760. *Lisez :*
           Né à Paris le 17 octobre 1760.

TABLE

DE LA

DEUXIÈME PARTIE.

PUBLICATIONS DANS LE FORMAT *in-octavo*.

a. Dix pièces diverses. 1830—1831.

b. Exposition. — Résumé. Première année. *Premières Éditions*. 1830.

c. Exposition. — Résumé. Première année. *Deuxièmes Éditions*. 1830.

d. Exposition. — Résumé. Première année. *Troisièmes Éditions*. 1831.

e. Exposition. Seconde année. — Les cinq discours. — Lettres du PÈRE. *Premières Éditions*. 1830—1831.

f. Exposition. Seconde année. — Les cinq discours. — Lettres du PÈRE. *Deuxième Édition*. 1832.

g. Extraits de l'Organisateur. 1829—1831.

h. Extraits du Globe. *Premier volume*. 1830—1831.

i. Extraits du Globe. *Deuxième volume*. 1831.

k. Extraits du Globe. *Troisième volume*. 1832.

l. Prédications. *Premier volume*. 1832.

m. Prédications. *Deuxième volume*. 1832.

n. LE PÈRE. 1831—1832.

o. Nouveau Christianisme. — Lettres d'Eugène. — Économie Politique. *Deuxièmes Éditions*. 1832.

p. Missions. — Églises des Provinces. — Écrits divers. 1831–1832.

q. Écrits contre la Doctrine. *Premier volume.* 1830—1831.

r. Écrits contre la Doctrine. *Deuxième volume.* 1831.

s. Écrits contre la Doctrine. *Troisième volume.* 1831.

t. Écrits contre la Doctrine. *Quatrième volume.* 1832.

u. Écrits contre la Doctrine. *Cinquième volume.* 1832.

v. Écrits contre la Doctrine. *Sixième volume.* 1832.

w. Crises Saint-Simoniennes. Novembre 1831, Février 1832.

x. HENRI SAINT-SIMON. Édition Rodrigues. 1832.

y. Ménilmontant. — Feuilles Populaires. 1832.

z. Les deux Procès. 1832.

PUBLICATIONS DANS LES FORMATS
in-quarto et *in-folio.*

A. L'Organisateur. *Première année.* 1829—1830.

B. L'Organisateur. *Deuxième année.* 1830—1831.

C. L'Organisateur Belge. 1831.

D. Le Globe. 1830. (15 février au 26 décembre).

E. Le Globe. *Premier semestre.* 1831. (27 décembre 1830 au 30 juin 1831).

F. Le Globe. *Deuxième semestre.* 1831. (1er juillet au 31 décembre).

G. Le Globe. 1832. (1er janvier au 20 avril).

H. Pièces Diverses. 1831—1832.

I. Musique.

K. 1833.

FIN.

Contraste insuffisant
NF Z 43-120-14

www.ingramcontent.com/pod-product-compliance
Lightning Source LLC
Chambersburg PA
CBHW070624170426
43200CB00010B/1904